딴따라에게
찾아오신 하나님

특별히________________님께
이 소중한 책을 드립니다.

딴따라에게 찾아오신 예수님

〈하나님이 이끄신 동행〉

인기 연예인 시절
하나님의 자녀로 불러주신
사랑의 하나님 이야기!

방은미 지음

나침반

푯대를 향해 지금도…

빛도 없이 이름도 없이라는 말이 있는데…
나는 세상 빛과 세상 이름으로 살던 사람이었습니다.
그래서 나만의 색깔이 있었고 나만의 이름을 가지고
성공의 가도를 달리며 살던 사람이었습니다.
오직 내 영광과 내 명예를 위해서.......

어느 날 그 길이 내가 가야할 길이 아님을 알게 되었고
참 빛 되신 그 위대한 분을 만났습니다.
나는 그 분이 이끄는대로 내 인생의 길을 바꾸어 갔습니다.
그 길이 참 생명의 길인 것을 알았기 때문입니다.
그런데,
세상에 길들여진 나에게는 그 길이 너무 힘들고 적응하기
어려운 길이었지만 그 길을 가야했고 그렇게 살아야 했습니다.
왜냐하면 잃었던 생명을 다시 찾았고 새 삶을 얻었던 그 은혜가
너무 크고 강했기 때문입니다.
그런데,
그 길을 가다보니 내 빛은 없어지고 내 이름도 없어졌습니다.
얼음이 녹아서 물이 되어 버리듯이, 내 빛과 이름이 서서히

예수님 안에서 없어지고 사라져 버렸는데.......
그것은 세상이 이해하지 못하고, 누구도 이해할 수 없는,
내가 통과해야 하는 그리고 내가 겪어야 하는 고통이었습니다.
그런데,
그 고통 중에도 나를 조용히 덮는 것이 있었으니......
그것은 그 분의 은혜였고 그 분의 사랑이었습니다.

이처럼 나를 부인하고 버리는 것이 고통스러웠지만
그분의 은혜가 나를 덮었기에 그분이 측량할 수 없는 사랑이
나를 품어 주셨기에 나는 나를 버릴 수 있었습니다.
그분은 세상을 이기는 방법과 나를 버리는 방법을
가르쳐 주셨는데 그 가르침은 너무 크고, 너무 높고
너무 깊었습니다. 그것은 하늘나라를 보는 지혜였습니다.
그 지혜는 하나님과 교통하는 통로였고, 세상을 바라보는
눈이었고 세상을 판단하는 잣대였습니다.
또한 그 지혜는 사람들의 영혼을 분별하는 영감이었습니다.

위에서 주신 지혜가 세상을 향한 집착과 욕망을 버리게 했고
성령께서 주시는 영감이 나를 버릴 수 있게 했습니다.
그리고 나는 성령님과 함께 그 길을 지금까지 걸어 왔고
지금도 계속 가고 있습니다.
이 길은 구원의 십자가의 푯대를 향해 지금도 진행 중입니다.

- 방은미

차례

01

나의 인생을 바꿔 놓았던 그 이름

어느 날 한 통의 전화가 왔다.

"방은영 씨 나 OOO 매니저입니다."

그분은 오랫동안 작곡가 부부의 연예 활동을 위해서 매니저로 일하던 분이다.

나는 어떤 공연을 위해서 전화한 줄 알았다.

그런데 오산 비행장에서 미군 장병을 위한 엄청나게 큰 공연이 있다는 것이다. 그 공연은 그 선배 가수의 단독 무대였는데 그 무대에 같이 출연하기를 청해 왔다.

오산에서 공연한 다음날 일간 신문에 내가 공연한 사진이 나왔다. 그런데 신문에는 다른 가수가 공연한 것처럼 기사를 썼다.

그 기자는 다른 가수의 기사를 쓰기 위해서 내가 공연한 장면을 올렸다. 나는 기분이 정말 좋지 않았다. 물론 그 공연의 포스터에는 그 가수의 이름이 타이틀로 되어 있었기 때문에 내가 이해해야 했다.

신문을 보고 난 뒤 나는 그 기자에게 왜 그렇게 기사를 냈느냐고 물었더니, 역시 다른 가수의 사진을 찍지 못해서였다고 하면서 "미안합니다. 방은영 씨 무대가 손색이 없어서 사진을 냈습니다"라고 말했다.

그러던 얼마 후 그 작곡가 부부가 이혼했다는 기사를 봤다.

그 일이 있은 얼마 후이다.

그분은 다시 작곡 활동을 재기하기 위해 가수가 필요했고, 파트너가 될 가수를 물색하고 있었다. 그러던 중에 그 매니저로부터 그분의 파트너가 되기를 요청한다는 전화가 왔다. 나는 그분의 제의를 깊이 생각해 보았다.

그 당시 회현동 퍼시픽 호텔에서

요리조리 생각하는데 나에게 손해 될 일은 없을 것 같았다.

착각은 자유지만 내 속으로 "그분을 대신 할 수 있는 가수는 내가 적격이다"라고 생각했다.

가수들 중에 가창력, 음력, 무대 활동과 경력을 생각한다면 당연히 나를 떠올려야 한다고 생각했다.

요즘은 좋은 가수들이 무척 많이 배출되고 있다.

그러나 당시는 그 선배의 자리를 대신할 수 있는 가수가 그렇게 많지 않았다. 아마 그래서 나의 그런 상황들이 나를 그렇게 교만하게 만들었던가 보다!

가수가 실력있는 작곡가를 만나는 것, 작곡가가 실력 있는 가수를 만나는 것은 행운 중에 행운이 아닐 수 없다. 좋은 곡 하나로 인기와 명성을 얻고, 부를 누리게 되기 때문이다.

그런데 이제 나는 한국에서 유명한 작곡가와 일하게 되었으니 큰 행운을 얻게 된 것이다.

이렇게 하여 나는 드디어 그 작곡가와 음악활동을 시작하게 되었다.

그러던 어느 날, 그분이 나에게 진지하게 말을 꺼냈다.

"이름을 예명으로 바꾸는 것이 어떨까? 원하지 않으면 바꾸지 않아도 되지만 나와 새 출발하는 의미에서 이름도 새롭게 바꾸었으면 하는데… '방은영'은 부르기가 쉬운 이름이 아니야. 그리고 대중이 쉽게 외울 수 있는 이름이 아닌 것 같아서 부르기 쉽고 기억하기 쉬운 이름으로 바꿨으면 좋을 것 같애."

Top 스타가 되는 일인데 이름을 바꾸는 것은 조금도 문제 될 것이 없었다. 그래서 이름을 바꾸기로 결심했다.

나의 강렬한 음색, 창법, 고음처리, 호흡처리, 무대 매너와 내가 'D'까지 고음을 내고 있다는 것을 칭찬했다. 실상 그 당시에는 육성으로 이렇게 고음을 내는 가수들이 많지 않을 때였다.

이것은 나의 타고난 음력이었다.

그래서 음악하는 분들이 나에게 점수를 많이 주었다.

어느 분야에서든지 '일인자'가 되어야 한다.

나는 곧, 이 사실을 기사화하기 위하여 신문사 기자들에게 모두 연락을 했다.

그 당시 약 열 명 이상의 기자들과 함께 소공동에 있는 모 레스토랑에서 회식을 하면서 기자 회견 겸 그들에게 내 이름을 예명으로 한번 만들어 보라고 제의했다.

이분들은 평소에 가수로서 나에 대해서 좋은 이미지를 갖고 있는 분들이었다.

그 기자들 중 김 기자가 "끝 자만 '미'자로 바꾸어도 좋을 것 같은데 어떻습니까?"라고 제의하는 말에 모두 예쁜 이름이라고 하면서 '방은미'라는 예명으로 만장일치로 결정하게 되었다.

결국 나는 기자 회견 자리에서 '방은영' 대신 '방은미'라는 새 예명의 가수로 다시 태어나게 된 것이다.

방은미.com

이 사진은 나를 증명하는 마지막 남은 기사이다

그리고 그 다음날 내 이름은 '방은미'가 되어서 모든 일간지와 주간지, 월간지 등에 일제히 가수 방은미로 개명을 하게 된 이유와 큰 뜻을 품고 빅 스타로의 도전을 선포하게 된 것이다.

"가수 방은미는 중견 가수로서 가창력이 뛰어난 실력있는 가수이며…"

이렇게 매스컴에서는 새로운 이미지로 방은미를 부각시켜 주었다. 그 작곡가 그 분과의 만남으로 인해 연예계의 관계자들이 나에게 거는 기대들도 만만치 않았다. 또한 주변 동료 가수들로부터 부러움을 한 몸에 받기도 하였다.

요즘은 연예 소속사가 있어서 그 소속사를 통해 연예인들을 양성하며 활동하게 하는 시대이다.

그러나 그 당시는 미 8군 무대에만 여러 소속사가 있었지, 일반 대중 연예계에는 소속사가 따로 없었다. 주로 개인 메니저가 모든 활동을 위해서 같이 뛰면서 일하던 시대였다.

그 당시 가수들의 생활을 소개한다면 활동무대에 따라 가수들의 활동 분야가 분류되기도 했다.

미 8군 무대 출신 가수들이 있다.

그리고 5성급 Night Club에서 활동하는 가수들이 있는데, 그 당시는 주로 외국인 VIP들이 출입하는 Night Club이었다.

내가 장기 출연한 호텔은 조선 호텔, 명동 로얄 호텔, 세종 호텔, 회현동 퍼시픽 호텔 등이었다.

또 주점 형태의 대형 극장에서 활동하는 Package Show라는 상품이 있었는데, 이것은 약 30분가량 노래와 댄스를 엮어서 진행한다.

그 당시 나는 일급 스타는 아니었지만 무대 공연에서는 인정을 받았기 때문에 나의 개인 Package Show를 가지고 활동을 했었다.

내 Team의 이름은 "방은영 Package Show"였다.

내가 출연했던 극장식 무대는 월

그룹 활동

드컵, 올림피아, 남태평양, 유토피아, 아마존… 등등에서 출연했었다.

또 작은 살롱 형태에서 활동하는 통키타 가수들이 출연하는 무대가 있었다.

나는 Four Season, 명동 OB's Cabin의 3층 무대, 또 쉘브르, 산마리노 등등에 출연했었다. 그리고 전국 극장 무대를 순회하면서 활동하는 가수들이 있는데 나는 극장 순회는 하지 않았다.

또 가수들에게는 카바레 무대가 있었다.

또한 레코드를 통해 히트곡을 내고 활동하는 TV 가수들이 있었는데, 나는 큰 히트를 내지는 못했지만 TV 출연을 겸해서 활동했다.

그리고 나에게 큰 수입을 만들어준 무대는 정부에서 주관하는 외국 VIP를 위한 연회장이었다. 그런 곳은 주로 외국 곡을 부를 수 있는 가수들이 섭외가 된다.

조선 호텔 그랜드 볼룸

뿐만 아니라 대기업 연회 무대도 있다. 이런 곳에서도 상상 이상의 출연료를 준다. 그래서 은근히 기다려지는 무대들인데, 이런 무대는 아무 가수나 출연하는 것이 아니고, 그야말로 그런 무대에 맞는 몇 명의 가수들이 지정되어 있었다.

그 당시에는 미 8군 무대 출신들이 실력(?) 을 과시하면서 활발하게 활동하던 시대였다.

그리고 요즘, 소녀 시대 같은 여자

Team을 구성하여 해외에서 장기간 활동하는 단체도 있었다. 이렇게 나는 동남아의 베트남, 홍콩, 일본 등에서 수년 동안 팀 활동과 솔로 활동을 겸해서 했다.

나는 방은영이란 이름으로 활동할 때, 히트곡은 없지만 무대 경력과 다양한 노래 자산이 있었기 때문에 큰 무대에 출연할 수 있었다. 그래서 내 활동은 누구와 비교할 수 없을 정도로 튼튼한 배경과 시장을 갖고 있었다.

특히 외국 손님들이 출입하는 무대에서는 한국 히트곡이 필요 없었기 때문에 나를 더 필요로 했다.

외국인들은 그들의 외국 곡을 더 좋아하기 때문이다.

내 이름으로 내 실력으로 어디든지 당당하게 무대 활동을 하며 대우를 받던 가수였다. 대표적인 히트곡이 없어도 내 활동에 지장이 없었던 것이 나에게 하늘 높은 줄 모르고 교만하게 만든 이유가 되었던 것이다.

02

교만의 포로가 되다

그 당시 나는 참으로 시건방지고 교만한 사람이었다.

예수 믿기 전 나는 교만뿐 아니라 인격적으로도 허물 많은 사람이었고, 모든 것이 미성숙한 사람이었다. 이웃에 대해서 비판적이었고 인내심이 없었으며 이기적인 사람이었다.

지금, 과거 나의 이런 성격과 나의 밑바닥 인격의 벌거벗은 모습을 공개하는 것이 참으로 부끄럽다.

그 당시 내 기준으로 한국에서 손에 꼽는 몇 명의 선후배 유명한 가수들을 제외하고는… 그 다음은 나라고 생각했다.

지금은 더 이상 말로 표현하기조차 부끄럽고 죄송한 마음뿐이다. 남들이 "노래 잘한다." "가창력이 있다" 등등 가는 곳마다 칭찬과 환호와 갈채를 받으니까 나는 그런 사람인가 하여 고개를 빳빳이 들고 다녔다. 큰 히트곡은 없었지만 개인 단체를 운영한다든가, 가창 실력을 인정해 준다든가… 그런데 이제는 유명한 작곡가의 파트너가 된 것이다.

평소에 나는 감정을 쉽게 노출하지 않는 성격으로 분장실에 있을 때는 별다른 대화를 하지 않았다.

이런 내 모습을 보고 "도도해서 제 곁에 가면 찬바람이 쌩쌩 분다"는 말을 많이 들었다.

나는 내가 왜 이렇게 하는지?

그러나 그런 태도가 나에게 너무 자연스러운데 어찌할 것인가?

그분을 만나기 전까지는 교만한 속성이 있어도 드러나지 않게 행동했었다. 그런데 그분과 활동하면서 잠재해 있던 교만이 '이때부터다'라고 신호를 받은 것처럼 내가 의식할 겨를도 없이 자연스럽고 편안하게 흘러 넘쳐 나오는 것이다.

나는 그분과 특별한 자리에 함께 출연도 했었다.

그분이 출연하는 자리는 참 고상하고 확실하게 격이 달랐다.

대기업의 파티라든가, CEO와 같은 VIP 신분들이 모이는 어떤 특별한 연회가 베풀어지는 그런 자리들이었다.

나는 그런 자리가 그렇게 어색하지 않았다.

그래서 그런 무대를 서는 것이 나를 더욱 교만하게 했고, 또 교만한 나를 착각하게 한 것은 그런 무대들이 내가 당연히 서야 할 무대라고 생각했던 것이다.

그래서 나는 물 만난 고기처럼 그런 무대가 나에게는 너무 행복했고 신나는 무대가 되어 주었다.

그런 무대에서 그분과 출연했던 일들이 나에게 참 좋은 시간으로 기억에 남는다.

　나의 스케줄은 더욱 바빠지고 내 출연료는 점점 높아져 가고, 내 지갑은 더 두꺼워지고, 통장은 더 많이 불어나고 있었다. 정말 누구도 못 말리는 신바람 나는 나의 생활이었다.

　나는 나이가 많은 지금도 순진한 성격의 사람이다.

　생각해보면 뜻밖에 찾아온 이런 생활과 조건들은 나의 순수함을 잊어버리기에 충분했었다.

　그것은 점점 더 내 생활을 사치와 낭비와 허영으로 세속화시키고 있었다.

　나는 나의 운전기사와 같이 외출하는 것 외에는 일절 외출은 하지 않았다. 일반 대중에게 쉽게 보이지 않는 것이 인기 관리하는 것으로 생각했기 때문이다.

　또 사람들을 만날 때 얼굴 표정도 스타답게 말하도록 그렇게 나를 연출하였다. 이런 외면적 생활이 스타를 만드는 방법이 될 수 없는데 말이다.

　그런데 내가 변해가는 모습을 가장 불편하게 생각했던 분들은 나의 가족들이었다.

　집에서도 내 태도와 생활이 변해가니까 남편과의 생활이 불편해지는 것이다. 그리고 어머니도 "너, 좀 이상하게 변한 것 아느냐?"라고 말씀하기도 했었다. 실제로 나는 나 자신도 의식하지 못한 상태에서 가족 관계를 불편하게 만들었던 것이다.

그러나 나는 이런 모습으로 변해 가는 것을 의식하지 못했다. 당시 내 인격이 한참 미성숙하고 훈련되지 못했기 때문에 그런 이상한 행동과 생활을 했던 것이다.

사람의 마음속에는 교만한 속성이 누구에게나 다 있다.

이 교만은 죄의 대표적인 속성이기 때문이다.

그런데 이 교만한 행동과 생활을 점령하고 있는 것이 사단이었다. 사단은 세상에서 가장 달콤하고 화려한 유혹의 미끼를 던진다. 만약 그 미끼를 덥석 물면 여지없이 점령당하고 낚이는 것이다.

나는 절대로 교만한 것을 죄라고 생각하지 않았다.

오히려 교만하게 행동해야 내 인기 생활을 위해 좋은 줄로 알았으니 말이다. 왜냐하면 세상에서는 이렇게 행동하고 생활해야 정상이 만들어지는 그런 풍조였기 때문이다. 그리고 이 세상 풍조를 당연하게 생각하면서 살도록 조장하는 것이 이 세상이다.

나는 세상이 무엇인지?

인생이 무엇인지?

진정한 생명이 무엇인지를 몰랐던 무지한 사람이었다.

참으로 미련했던 것은 그렇게 사는 것이 인생인 줄 알았고, 그것이 내 삶의 최고의 가치인 줄 알고 살았다. 세상 속에서 인정받기 위해서는 그렇게 성공해야만 했었다.

나는 하나님도 모르고 구원이 무엇인지를 몰랐다.

그리고 교만은 하나님 앞에서 절대적으로 죄가 된다는 사실을 전혀 모르고 있었다. 교만함이란 내 실력과 내 능력을 자연스럽게 표현하는 나의 실존이라고 생각했다.

그런데 정말 웃기는 것은 아직 당장 최고가 된 것도 아니고 빈 깡통인데 벌써 교만했다는 것이다. 내 신분이 파악되지 않았고 분수에 넘는 착각을 하고 있었다는 것이다.

그때는 아직 그분의 곡도 받지 않은 상태였다.

그런데 정상을 잡은 것처럼, 스타가 된 것처럼 행동했으니…

지금 생각해보면 바보짓을 하고 살았던 것을 돌아보게 된다.

그러는 가운데 그분과 함께 활동한 지 벌써 몇 개월이 지났다.

그러던 중 그분에게서 전화가 왔다. 레코딩 할 신곡이 준비되었다고 했다. 그리고 레코드 취입을 위해서 만나자고 연락이 왔다.

이제 취입을 위해 타이틀 곡을 선정하는 날이 된 것이다.

그분이 나에게 보여 주신 두 곡은 이혼한 X wife를 그리는 가사 내용이었다. 곡을 받을 때 내 마음이 불편했고 흡족하지 않았다.

만약 X wife가 그 곡을 불렀다면 히트할 가능성이 100%를 기대할 수 었었을 것이다. 왜냐하면 그 곡은 본인들의 사연이기 때문이다. 그런 곡을 아무리 내가 애통하며 구성지게 부른다 해도 그 감정표현은 가짜다.

솔직하게 말하면, 나는 아직까지도 아픈 인생 경험이나 고통을 모르는 여인이었다. 그런 내가 진한 고통의 감정을 담아내는 것은 아무리 둔갑을 해도 나에게는 불가능한 일이었다. 결국은 내가 이 곡을 히트시키기는 어렵다는 결론이 내려진 것이다.

일반적으로 한 곡을 히트시키는 데는 시간이 필요한데 쉬운 곡은 반응이 빨리 온다. 그러나 이 곡은 히트하기 쉬운 곡이 아니었다. 나는 만족스럽지 못하다고 그분에게 말했다.

후일 이것을 생각해보니 "대중적이지 못한 곡을 받게 된 것"이 하나님의 계획이라고 생각하게 되었는데, 하나님께서 나에게 히트 칠 기회를 허락지 않으셨다는 것을 깨닫게 되었다

"진실하고 그의 행하심이 의로우시므로 무릇 교만하게 행하는 자를 그가 능히 낮추심이니라"(다니엘 4:37).

일단은 이미 계획된 일이었고, 그분과 처음 시작하는 작업이기 때문에 끌려가듯, 빨려 들어가듯 일을 진행했다.

이날을 위해서도 물질적으로 많은 투자를 했었다. 그리고 이 곡을 세상에 알리기 위해서 또 얼마나 많은 돈을 투자해야 한단 말인가!

일반 메스컴과 방송에서 나의 행보에 대해서 얼마나 많은 방송을 했는가 말이다. 만약 이 레코딩을 취소하면 대중에게 내 신용이 떨어지게 되고 매스컴에서 나를 어떻게 보겠는가?

그렇지만 그분은 나에게 말하기를 일단 스케줄이 잡혔으니까 취입을 하자고 했다. 그래서 취입 준비가 이미 끝났기 때문에 만족스럽지 못해도 취입을 진행해야만 했다.

일단 신곡을 내놓고 나는 방송활동을 본격적으로 하게 되었다. 각 방송에 신곡을 내보낸 후 반응을 보았다.

그런데 시간과 물질을 투자한 만큼 반응이 없었다.

나는 불만이 점점 커지고 답답해지기 시작했다. 한국의 최고 작곡가의 곡인데 쉽게 히트할 기미가 전혀 보이지 않는 것이다.

그분과 레코딩했던 자켓 사진

그분의 곡이면 당연히 히트하고 좋은 반응이 있어야 한다고 생각했던 것이 착각이었다.

나는 그 곡을 위하여 남들이 PR하는 것 이상으로 투자했다.

아무리 음악활동이라고 하지만 세상적인 현실로 말하면 이것도 비즈니스이기 때문이다. 그래서 칼을 한번 뺏으니까 끝까지 휘둘러야 한다고 생각했다.

그리고 그분과 계속 음악활동을 하기 원했고 다음에 좋은 곡이 나올 것을 기대했다.

그러나 하나님은 이 사건을 통해서 나의 교만함과 내 곧은 목과 높은 콧대를 꺾으시고 있었다.

하나님은 이전의 나의 교만한 모습을 다 보시고 차근차근 일하시며 그날을 기다리고 계신 것 같았다.

그러나 나는 그런 하나님이 하시는 일을 전혀 알 리가 없었다.

03

세상 유혹의 서곡

현재 나는 외손자가 둘이나 있는 할머니가 되어 있다.

지금 할머니가 된 내가 전혀 다른 세계의 그림을 공개하는 것은 두 세계를 살도록 연출하신 하나님의 계획이다. 이 하나님은 내 인생의 연출가이시기 때문이다.

지금 나는 옛날에 그분이 나에게 했던 말에 대해 이야기하고 있다. 그분과의 활동은 약 일년 간이었다.

그분과 나누었던 대화는 내게 절대 잊을 수 없는 인생반전을 만들어 주었다.

그 내용은 이러했다.

반응이 크게 없었지만 신곡을 들고 여기저기 동분서주하며 열심히 뛰어다니던 어느 날이었다.

그분이 할 말이 있다고 시청 앞에 있는 모 커피숍에서 만나자고 했다.

나는 그분의 전화를 받고 기쁜 마음으로 외출 준비를 했다.

내 마음은 그분을 만나서 나눌 대화를 생각하니 즐거웠고 온갖 부푼 꿈으로 부풀어 있었다.

그리고 나는 그 시간에 약속한 커피숍으로 나갔다.

대화가 시작되었다.

그분은 나에 대한 칭찬과 성공에 대한 눈부신 이야기를 해주었다. 이야기를 듣고 있는 나는 정말 신났다. 그리고 나의 장래 계획에 대해서 진지하게 이야기를 해주었다. 정말 나는 꿈을 꾸고 있는 것 같았다.

그런데 한참 대화하고 있는데, 나의 생활에 대해서 묻더니 현재 내 결혼생활에 대해서 집중적으로 묻는 것이다.

이런 말이 왜 필요한가?

의아해하면서 그분의 질문에 하나 하나 대답했다.

그러면서 나는 물었다.

"내 결혼과 히트곡이 무슨 관계가 있어서 그런 질문을 하시나요?"

내가 유부녀라는 것을 알고 활동을 시작했는데, 왜 이제 와서 이런 말을 해야 한단 말인가? 만약 유부녀라서 같이 활동할 수 없다면 시작을 하지 말았어야 했다.

내 당돌한 질문에 그분은 조금 당황하는 것 같았다.

그러더니 새 곡이 빠른 반응이 없는 이유가 내가 결혼했기 때문이라는 것처럼 말했다.

나는 속에서 슬며시 화가 치밀었다. 그렇다면 곡의 반응이 없을 줄 미리 알고 계획적으로 이 곡을 부르게 한 것인가?

그 순간 내 머릿속에서는 이런 복잡한 생각들이 빙글빙글 돌고 있었다.

그분은 연예계가 어떤 세계라는 것을 교육하듯이 나를 설득하려는 것처럼 힘주어 말을 했다. 많은 연예인들이 스타가 되기 위해 결혼을 하지 않는 이유가 바로 이런 것이라고 말했다.

'나는 이미 결혼했는데 왜 내 생활을 들먹일까?'

외골수적인 내 사고방식으로는 그분의 무례한 말을 도저히 이해할 수가 없었다.

이런 대화가 연예계에서는 극히 자연스러운 말일 수도 있을 것이다. 그리고 기분 나쁘거나 심각할 이유가 하나도 없는 말일 수 있다. 그러나 나는 연예계에서 실제로 유부녀로서 연예생활을 시작한 가수였다.

내 생활의 배경은 친정과 시댁이 모두 보수적인 집안이다.

그래서 모든 면에서 내 사고방식은 보수적이며 무척이나 조심, 또 조심하며 생활하고 있었다.

나는 실력으로 인정 받고 싶었는데, 내 결혼 생활을 거론하는 것이 무척 기분이 상했다. 그리고 난 절벽에서 떨어진 것같이, 허공에서 낙하하는 것 같은 느낌 속에 빠지게 되었다.

나는 화가 난 상태였고, 혼돈 속에서 더 이상 어떤 말을 해야 할지 분간할 수 없었다. 나는 숨을 죽이고 생각하다가 조금 후에 마음을 진정시키고 물었다.

"그렇게 말씀하시는 뜻은 결혼한 사람은 결국 스타가 될 수 없다는 결론입니까?"

"아니야, 꼭 그렇다는 것이 아니라 방은미가 너무 아까워서 그렇게 말을 한 것뿐이야. 미안해. 오해하지 말아. 미안해"라고 사과하는 것이었다.

그분은 내 기분과 안색이 변하는 것을 보고 당황하면서 어쩔 줄을 몰라했다. 나는 감정을 조절할 수가 없어서 그만 그 자리를 박차고 일어났다.

당시 나는 히트곡을 내는 것이 전부였지만 이런 소리를 들으면서까지 히트곡을 얻고 싶지는 않았다.

그때부터 나는 성공의 기준이 무너지고 혼돈 속에서 뒤죽박죽이 되어버렸다.

남편도 이런 화려한 무대생활의 이면을 너무 잘 알고 있었다.

그리고 연예계 생활의 여러 어려움과 유혹의 위험성을 잘 알고 있었다. 그래서 남편은 나의 변함없는 성격과 내 생활을 믿었고 여러 면에서 나를 후원하고 있었다.

또 나는 어떤 문제이건 사사건건 문젯거리가 생기면 남편에게 이야기를 하곤 했었다. 역시 이 일에 대해서도 자세하게 말하자 남편은 내가 불편하고 자존심 상하면 그분과 활동을 그만 두라고 했다.

그렇다. 나는 가수이기 전에 결혼해서 가정이 있는 유부녀였다.

음악성보다 스타성을 염두에 두고 그분과 함께 활동하는 것은 모험이라는 생각이 들었다. 그래서 내 마음을 정리하고, 그분과의 음악 생활과, 스승과의 관계를 일방적으로 끊기로 작정했다.

결국 그분과 결별하지 않으면 가수 방은미로서의 정체성을 지킬 수 없는 상황이 올 것 같은 생각이 들었다.

가야 할 길이 아니면 속히 발길을 돌리는 것이 나를 지키는 길이라고 생각했다.

그러나 내 입장에서는 그분과의 결별은 스타로 클 수 있는 기회를 포기하는 것이었으며, 물질적 손해와 피해를 각오해야 하는 일이었다.

그때까지 일 년가량 히트곡을 만들기 위해 막대한 홍보비와 활동비 등을 들여서 스타가 되기 위

일본에서 활동할 때

해 투자했던 것인데, 결국 허공에 산산히 흩어져 힘없이 사라진 재물이 되고 말았다.

지금 생각해 보면 내가 그렇게 민감하게 반응하지 않아도 될 일이었다고 생각한다.

내가 그토록 민감하게 극단적으로 결별한 것을 뒤돌아보면 내가 세상을 너무 두려워했기 때문이라고 생각한다. 유부녀라는 나의 입장이 나를 그렇게 처신하게 했지만 또 한편으론 그렇게 행동한 것이 내 성격이었기 때문이다.

어찌되었든 그때부터 나는 서서히 인생의 실패자가 된 것 같은 추락감에 휩싸이기 시작했다. 그리고 점점 더 내 연예생활은 깊은 슬럼프에 빠져 들어가기 시작했다.

사람은 감정을 가진 동물이다. 그런데 안타까운 것은 내가 내 마음을 다스릴 수 없는 힘든 상황에 돌입하게 된 것이다.

걷잡을 수 없는 혼돈감, 올바른 선택에 대한 분별력을 상실하고 내가 지금 어떤 상태인지도 의식할 수 없는… 막말로 내 속에서 나는 서서히 미쳐가기 시작했다.

(디모데전서 6:9).

잘 가꾸어 온 내 가정의 울타리가 서서히 무너지는 것을 느끼기 시작했다. 반면에 연예계 생활과 세상이 이런 것이라는 것을 알게 되면서, 그 세상을 향해서 내 눈이 밝아지고 내 마음이 강렬하게 열려지게 된 것이다.

'이것이 바로 세상이구나!!!'

왜 내 마음이 이렇게 움직이고 있는지를 깨달을 겨를도 없이 지금까지 살아온 내 인생과 내 사고가 서서히 무너지고 있었다. 보여지는 것, 듣는 소리들, 주변의 사건들이 내 마음에서 새롭게 해석되고 받아들여지는 것이었다.

나는 그 이후, 나도 모르게 서서히 세속화되면서도 내가 어디에 서 있는지를 의식할 수 없었다.

이런 상태에서 나는 나와의 싸움으로 허덕이는 내면의 무엇이 움직이고 있었는데….

04

화인 맞은 나

오늘날 세상 사람들은 결혼과 이혼에 대한 개념이 인생 훈련과 같은 어떤 과정쯤으로 생각하는 것 같다. 자신의 인생을 위해서라면 얼마든지 새 출발할 수 있다는 이기적인 사고방식이다. 이것은 결혼과 가정의 의미와 본질을 상실한 인간의 윤리를 빗나간 오늘날 세상의 현상이다.

우리에게 주어진 인생이란 한번 살아보는 것이 아니다. 그리고 인간에게 주신 신성한 결혼도 한번 살아보는 연습이 아니다.

젊은이들은 성격이 맞지 않는다거나 어떤 이유로든 힘들면 고통을 면하기 위해서 이혼하려 한다.

남녀 간의 성격은 서로 다르게 만들어졌다. 서로 다른 남녀가 결혼하는 것은 전혀 다른 재료를 가지고 톱니를 서로 맞게 깎아서 만드는 것과 같다. 그래서 서로 맞물려 돌아가게 하는 것이 결혼 생활이라고 생각한다.

　그런데 요즘 젊은이들은 각자가 깎이는 것을 싫어하고 피하려
한다.

　"남의 떡이 커 보인다"는 말이 있다.
　그래서 또 다른 사람을 바라보고 또는 밖에 있는 좋아 보이는
것을 찾는 것이다.
　또 다른 사람과 결혼해보라!
　또다시 깎여야 할 일들이 기다리고 있을 것이다.
　그러면 또 그 사람과도 이혼하겠는가?
　결혼이란 톱니가 맞물려 돌아가도록 서로 서로 자신을 깎는 훈
련이라고 생각한다.

　나도 이렇게 결혼생활을 하는 사람이다.
　그런데 세속적인 연예계 생각에 사로잡히니까 윤리 도덕 같은
교과서적인 개념은 멀리 멀리 사라지게 되었다.
　지금 생각해보면, 그분의 말들이 내 자신을 민감하게 방어하는
일이 아니었나 싶다. 그러나 어찌되었든 나의 일방적인 결별이 너
무 극단적이었다는 생각도 하게 되었다.

　그런데 그 일 후 내 마음이 정리된 것으로 생각했는데, 그때부
터 나에게 문제가 드러나기 시작했다.
　서서히 내 이성이 무너지고 감정을 조절하기가 힘든 상태, 나도
의식하지 못하는 어떤 병이 든 것 같았다.
　무엇이 억울한지도 분간할 수 없고 그냥 억울해서 견딜 수 없어
미칠 것 같은 병이었다,

무엇이 그렇게 나를 억울하게 만들었을까?

스타의 길을 포기한 것이?

유명한 작곡가인 그분과 함께 활동하지 못한 것이?

그냥 내가 처한 모든 상황이 다 억울했다. 목전에서 잡았던 스타의 자리를 버린 것 같아서 억울했던 것이다.

그래서 삶을 포기하려고 자살을 시도하기도 했다.

내 병은 점점 심각해졌다.

나는 내 위치를 지키기가 너무 힘들었고, 무엇엔가 중독되고 있는 듯했다. 문제는 나를 울타리처럼 보호했던 남편이 서서히 미워지기 시작했다.

명동 로얄 호텔에서

나는 영혼 없는 사람처럼 휘둘리는 가운데 드디어 집을 도망쳐 나가 버렸다.

세상에서는 '가출아' 하면 청소년들을 말한다.

그런데 유부녀인 내가 '가출녀'가 되었다.

친한 친구 집에 두 번 숨어 있었다.

그러나 남편은 집나간 나를 수소문해서 찾아내 나를 집으로 데려가고 또 찾아내서 데려가곤 하였다.

내가 왜 이렇게까지 되었나….

정말 나는 삽시간에 소망이 없는 병든 여자가 되어 버렸다.

그래도 남편은 나를 야단치지 않았다.

나의 고통이 무엇인지를 이미 알고 있었기 때문이다.

이 지경으로 방황하고 돌아다니는 나에게 남편의 입에서 이혼하자는 말이 나와야 하는데….

차라리 나를 차버렸으면 하는 마음도 있었다. 그러면 나는 오히려 이렇게 되든 자유롭게 해방된 여자가 될 텐데…. 나를 받아 주고, 나를 위로하고, 도와주는 남편이 더욱 미웠다.

사단의 공격은 내 영혼의 깊숙한 곳까지 파고들면서 나를 미치게 했던 것이다. 그 이유는 그분과의 활동이 스타가 되는 절호의 기회였고 보장된 자리였기 때문이다. 뒤늦게 후회해 보았다.

'저 남편만 없었으면 스타는 내 것인데….'

나는 남편 때문에 세상에서 '아까운 가수'가 되었다고 생각했다.

'왜 내가 저 사람 때문에 아까운 사람이 되어야 하나? 바보같이, 그래 이제라도 내 정상의 위치를 찾아야 해.'

'그래 맞아! 이혼하면 되지.'

'정상이 내 눈 앞에 있는데 이것을 잡아야지.'

'마음을 강하게 먹고 이혼을 하자.'

'이혼! 이혼해야 돼!'

그래서 차라리 남편이 나를 미워서 이혼 말이 나오기를 기다리고 원했다.

나 혼자 이혼 문제를 해결할 수 없는 상황이었기 때문에 남편을 향해서 무언의 시위를 하고 있었던 것이다. 다시 말해서 이혼을 위한 선언을 이렇게 비정상적인 행동을 통해 표현하고 있었다.

그러나 남편은 나와 함께 그 고통을 함께 겪으면서 이혼에 대해서 완강하게 거절했다.

나와 싸우기도 하고, 달래가면서 가정을 지켜 주었다.

남편이 이혼할 수 없는 이유는 집안의 엄한 자존심! 이런 이유가 남편에게 용납되지 않았고, 또한 이유는 애지중지 사랑하는 첫 딸 때문이었다. 그리고 친정어머니는 이산가족이라는 불행한 운명으로 나를 혼자 키우셨기 때문에 절대로 이혼은 허락할 수 없는 일이라고 단호하게 말씀하셨다.

결국 가족들 사이에서는 문제를 만드는 골치 아픈 여인으로 취급되었다. 그리고 나는 결혼 생활과 내 욕망 사이에서 점점 나의 위치와 신분을 잃어버리고 있었다.

세상 유혹이 내 마음을 점령하고, 나는 유혹의 포로가 되어 버린 것이다.

실상 내 연예생활은 스타의 정상이 되기에는 연예인으로서 정말 부자유스런 생활이었다. 가정주부라는 신분이 나에게 속박감을 주었고 엄청난 스트레스를 만들어 주었다.

그럴지라도 나이트클럽 무대 활동은 계속했었기에 수입의 단위가 높았다. 그러나 아무리 돈을 많이 벌어도 돈이 내 마음을 달랠 수 없었고 어떤 만족도 줄 수 없었다. 그리고 돈을 낭비하고 돌아다녀도 즐거움이 없었고, 내 마음은 항상 허공에서 방황하고 있었다. 화려한 세상 유혹의 화인을

나이트클럽 포스터 사진

맞고 난 후로 나는 정상적인 생활을 잃어버렸고 이성은 완전히 마비되어 버렸다.

(잠언 7:25).

심지어 친정에서도 사람 구실하기가 틀렸다고 말할 정도로 가족들에게 큰 근심거리가 되었다.

내 영혼의 생명은 완전히 죽었고, 내 생활은 죄와 타락으로 완전히 파괴 상태로 들어갔다.

방은미라는 이름이 정상의 스타로 성공을 만들어 주는 이름이 될 줄 알았는데, 그 이름이 나에게 이런 고통을 안겨 준 이름이 될 줄이야…. 그 이름의 유혹이 나를 이렇게 타락하게 하는 이름이 될 줄을 누가 생각이나 했으랴!

이런 상황에 처한 나였지만, 바쁜 스케줄이 있었기에 그 고통스런 방황을 헤쳐 나갈 수 있었다고 생각한다.

넘쳐나는 스케줄, 그 속에서 바쁜 나날을 보냈기 때문에 그것이 나를 살게 했는지도 모른다. 그런데 이렇게 멀쩡하게 잘나가는 나를 무엇이 내 영혼을 재기불능으로 몰락하게 만들었단 말인가!

세상 유혹의 화인을 맞아서 세상이 이끄는 대로 내 영혼은 서서히 몰락하게 되었던 것이다.

"돈을 사랑함이 일만 악의 뿌리가 되나니 이것을 사모하는 자들이 미혹을 받아 믿음에서 떠나 많은 근심으로써 자기를 찔렀도다"(디모데전서 6:10).

05

예수님의 초청장

그 이후도 이정표를 잃어버린 조각배처럼 나는 삶의 목표를 완전히 잃어버린 사람이 되었다.

내 생활은 삶의 질서가 깨진 상태였으며, 내 정신은 방황하다 못해 해골이 없는 허수아비처럼, 그리고 겉보기는 화려하고 멀쩡한데 속은 비었고 욕망의 썩은 냄새만 풀풀 풍겨져 나오고 있었다.

그분과 결별하게 된 것을 돌이켜 생각하면 무엇엔가 홀린 것 같은 그런 기분이었다.

나 혼자 솔솔 재미있게 연예활동하던 내가 왜 그분을 만났으며 또 왜 그렇게 방황하게 되었는가?

생각해보자. 스타는 아무나 되는 것이 아니다.

스타로서 정상을 얻으려면 눈물과 노력과 그 세계에서 지불해야 할 희생이 기다리고 있다는 것을……

그런데 나는 가정주부로서 나는 스타가 될 수 없는 사람이었다.

실상 이런 현실 앞에서 억울할 것도 없고, 내가 스스로 포기한 일인데 억울한 일도 아니다. 그러나 사람은 그렇지 않다. 그렇게 열망하던 스타의 자리를 빼앗겨버린 실패자가 된 것이다.

허망감에서 벗어날 수 없이 그저 억울하고, 내 속에서 솟아오르는 화를 다스릴 수 없어 한심한 세월을 보내고 있었다.

큰 딸 정수 백일 사진

이런 가운데 내가 휘둘리는 상황 속에서도 어느덧 내 딸은 유치원을 가야 하는 나이가 되었다.

사실 나는 딸아이가 유치원에 갈 때까지도 딸의 교육에 대해서는 모래알만큼도 관심이 없었다. 내 눈에 보이는 것은 오로지 인기 정상과 히트곡에 대한 내 열망뿐이었기 때문이다. 이 욕망이 내 영혼에 가득 찼기 때문에 그 어떤 것도 내 마음에 들어올 틈새가 없었다.

그래서 교육에 대한 관심과 책임은 나와는 전혀 관계가 없는 일이었다.

그래서 나는 친정어머니에게 딸을 맡겨 두고 내 뜻대로 내가 원하는 대로 생활하고 있었다. 아이에게 좋은 옷을 사주고, 맛있는 음식과 좋은 곳에 데리고 다니면 엄마 노릇을 다하는 것으로 생각했다. 이렇게 생각하며 엄마로서 아무 부담도, 부끄러움도, 미안함도 느끼지 않았다.

실로 나는 부끄럽고 형편없는 어미로서 자격을 상실한 형편없는 엄마였다는 것조차 의식하지 못했다.

어느 날 친정어머니가 오셔서 딸을 데려다 주셨다.
"이제부터는 네 아이니까 네가 책임지고 교육을 시켜야 한다."
"제발 정신 좀 차려라!"
"좋은 유치원에 입학시켜서 좋은 교육을 해야 한다"등등 부담스럽게 침을 몇 방 놓고 가시는 것이 아닌가!

유치원 소풍, 할머니와 함께

그렇다. 내 중심적으로 살았다. 어머니가 옳은 말씀을 하신 것이다.
친정어머니는 일제 강점기에 함경남도 원산에 있는 루시 여고를 졸업하신 분이셨다. 항상 교육에 관심이 많으시고 교육에 관한 말씀을 귀에 못이 박히도록 하시곤 하셨다. 그런데 어머니는 자기 딸이 이렇게 연예계에서 미치광이처럼 행동하는 것이 상당히 불만이셨다.
이제 손녀가 교육의 시작인데 어미라는 사람이 이렇게 방황하니까 어머니에게는 큰 근심거리였다.

나는 어머니의 말씀을 듣고 생각하게 되었다.
그런데 아이 교육이 내 마음에 걱정으로 다가온 이유는 지금까지 히트곡을 내지 못한 이유가 유부녀라는 딱지였기 때문이라는 생각이다. 만약 내가 아이와 함께 유치원에 나타나면 유부녀 딱지를 확실하게 증명하는 일이 아니겠는가!

그전에도 아이를 데리고 외출할 일이 있으면 아이에게 "정수야 너 이제부터 엄마라고 부르지 말고 이모라고 불러, 알았지!"라고 하였다.

항상 처녀 같이 내 중심적으로

이렇게 나는 아무것도 모르는 천진난만한 딸에게 혼돈과 상처를 주면서 얼마나 나쁜 짓을 했는지….

그런데 유부녀 딱지 위에 이제는 학부형 딱지까지 붙게 되었으니 내 마음과 생활을 어떻게 붙들어야 하는지?

눈앞에 놓인 현실이 참으로 나를 힘들고 어렵게 했다.

그래서 그때부터 사립 유치원을 두루 찾기 시작했다.

그러던 어느 날 아침의 일이었다.

조간신문 사이에 끼어 들어온 광고지가 내 눈에 들어왔다.

"당신의 자녀를 그리스도의 사랑으로 키우시지 않으시렵니까?"

이런 문구가 적힌 서대문 충정교회 충정 유치원에서 보낸 원아 모집 광고지였다. 그때 내 머리를 스치고 지나가는 어떤 생각이 있었다.

'그렇지! 예수님은 좋은 분이니까. 예수님에게 아이를 맡기면 나보다 잘 키워 줄 거야.'

'사립 유치원은 남산에 있어 일일이 차로 데려다 주고 데려와야 하는 부담이 있는데, 충정 유치원은 가까우니까 아이 혼자 다녀도 되고, 부담도 한시름 덜게 되고… 정말 잘 됐구나.'

나를 숨길 수 있고, 아이에 대한 책임부담을 덜기 위해 예수님께 아이를 인수인계하기로 마음 먹었다.

드디어 충정교회 유치원 입학식에 참석하게 되었다.

입학식이라 목사님의 설교 말씀을 듣게 되었는데 지루한 느낌으로 끝날 시간만 기다리고 있었다.

그런데 한순간 내 청각을 때리듯 귀에 날카롭게 들어오는 말씀이 있었다.

"인간의 사랑은 한계가 있지만 하나님의 사랑은 무한한 사랑이다."

그 당시는 이 말씀을 잘 이해할 수 없었지만, 생각해보면 그 무한한 사랑이 무엇인지 궁금했다. 그런데 그 무한한 사랑은 인간을 구원하기 위해 이 땅에 예수님을 보내신 하나님의 사랑이라고 말씀하셨다.

나는 하나님의 사랑이 어떤 것인지 모르지만 인간이 할 수 있다는 '유한한 사랑'이 내 마음을 멈추게 했다.

내 마음을 멈춘 이 한마디 말씀이 나의 부끄러운 생활과 내 존재를 들여다보게 하는 거울이 되었다.

입학식 예배에는 학부형들이 꽤 많이 있었다.

모두들 지금말로 표현하면 은혜스럽게 듣고 참석하였다.

자기 아이들을 사랑스럽게 어루만지며 안고 있는 모습하며, 이제 유치원 학생이 되는 것에 대한 대견스런 마음과, 아이들을 사랑스런 눈길로 바라보는 그들의 모습이 예배시간에 참여하고 있는 나와 내 딸의 모습과 전혀 다르다는 것을 보게 되었다.

그들을 보면서 "나도 같은 엄마인데 왜 저 엄마들 모습과 다를까?"라고 생각하게 되었다.

나는 인간이 할 수 있는 저 유한한 사랑, 즉 어미의 본능적인 모성애조차도 제대로 하지 못했던 형편없는 엄마인 것이 깨달아지기 시작했다

실제로 부끄러운 상태였던 나는 정말 딸의 교육을 위해서 입학식에 온 것이 아니었다.

내가 지금 입학식장에 온 목적은 무엇인가?

설교하신 목사님과 많은 학부형들은 내가 어떤 사람인지 아무도 모를 것이다. 그러나 그 말씀은 내 모습과 부끄러운 내 양심을 끄집어 내는 족집게였다.

결정적인 것은 내 마음속에서 이상한 현상이 일어나고 있었던 것이다. 화인 맞아 죽어버린 내 양심이 살아나는 기적의 역사가 일어나고 있었다. 그 설교 한마디 말씀이 죽었던 내 영혼을 살리는 신비한 능력이 되었던 것이다.

나는 지금 내 목적을 위해 아이와 함께 교회에 와서 입학식에 참여하고 있는 중이었다. 그런데 부끄러운 내 모습, 형편없는 삶을 누군가가 꿰뚫어 보는 것 같은 느낌이 들었다.

도대체 누가 부끄러운 나를 이렇게 뚫어 보고 있나?

그 정체가 무엇인가?

나는 세상을 잡으려는 여인으로서 진정한 사랑도, 어미의 모성

애도 모르는 어미였다.

웬지 벌거벗은 것 같은 수치감이 나를 엄습하기 시작했다.

오직 딸이란 나에게 어떤 즐거움을 주는 귀하고 소중한 액세서리 같다고나 할까…. 이렇게 어미로서 교육되지 못한 본능적인 밑바닥 모성애조차 없었던 여인이었다.

내 속에 더러운 것이 다 드러나는 것 같은 수치감이 나를 부끄럽게 하기 시작했다.

순간 또다시 내 해골에 지진이 난 것 같은 이상한 흔들림이 나를 삼키고 있었다. 그런 가운데 나는 말씀을 들으면서 잃어버렸던 나의 존재를 발견하게 되었다. 역시 나는 여인으로서, 어미로서 참 인간답지 못한 빗나간 인생을 살았던 것이다.

'그래 그렇다면 하나님의 사랑이 무한하다고 하는데 그 사랑이 무엇인지 알고 싶다.'

이렇게 생각하고 나는 나를 진정시켰다.

'하나님의 사랑을 알려면 우선 교회를 나와야 그 사랑을 알 수 있을 것이다.'

무엇인가 뒤엉켜버린 내 인생에 해답이 있을 것 같았다.

그리고 드디어 부끄럽고 수치스러운 자격 없는 어미였지만 아이와 함께 교회에 나가기 시작했다.

전국 예쁜이 선발대회에서 '선'을 받은 큰 딸 정수

사람들의 시선을 피하기 위해 화장도 엷게 하고, 의상도 평범하게 단정한 주부로 보이려고 신경을 썼다. 그래야 나를 이상한 여자로 보지 않을테니까 말이다.

그때부터 나는 나를 생각하게 되었다.

내가 왜 잃어버려진 자가 되었을까?

그것은 내 영혼은 이미 죽어 있었고, 예수님 없는 육신적인 인생으로 얼마나 형편없는 삶을 살았던가?

나는 그때 큰 히트곡이 없는 상태에서도 이미 스타로서 정상의 생활을 누리고 있었지만, 그 생활이 나에게 만족과 즐거움을 주지 못했었다. 그래서 그 생활이 나를 미치광이로 만들었던 것이다.

돈은 많이 벌고 있었으나 주머니의 부가 오히려 사치와 방탕한 생활의 윤활유가 되었다. 또한 교만함이 내 신분의 가치 기준이 되었다.

나로 하여금 신기루를 향해 끊임없이 달려가게 하는 그 열망이 결국 내 가정을 이혼 직전까지 이르게 했다. 이로 인해 나는 내 가정과 내 가족을 한꺼번에 잃을 뻔했던 위기 속에 빠져 있었다. 욕망이라는 덫에 걸린 나와, 또 함께 고통하는 내 가정을 어느 누구도 구원해 줄 자가 없었다.

결국 그러한 상황들이 나의 모든 것은 잃어버리게 했다.

내 인생의 현주소를 잃어버리고 방황하던 나는 마귀에게 내 영혼을 빼앗겨 버렸다. 그러나 하나님은 나를 향하신 구원 계획을 포기하지 않으셨다.

"전에는 우리도 다 그 가운데서 우리 육체의 욕심을 따라 지내며
육체와 마음의 원하는 것을 하여 다른 이들과 같이 본질상 진노의
자녀이었더니 긍휼에 풍성하신 하나님이 우리를 사랑하신 그 큰
사랑을 인하여 허물로 죽은 우리를 그리스도와 함께 살리셨고 너
희가 은혜로 구원을 얻은 것이라"(에베소서 2:3-5).

나의 딸 정수는 사실 우리 가정을 구원하기 위해, 주께로 인도
하기 위해 예비하신 나의 선교사였다.

결국 나는 딸로 인해서 이혼할 수 없었다.

그리고 이제 교육을 시작해야 할 딸의 교육을 위해 교회를 찾아
가게 되었다.

그런데 그 시간이 예수님을 만날 수 있었던 귀중한 시간, 나의
존재를 찾는 소중한 기회가 되었던 것이다.

나를 향한 하나님의 계획은 한 장의 원아모집 광고지 속에 있
었다.

원아모집 광고지는 나의 죽었던 영혼을 살리시려는 생명의 초
청장이었다. 마귀의 종으로 죄악의 고통 속에 허덕이던 나를 구원
하시려는 구원의 초청장이었다.

갈 길을 잃어버리고 세상에서 표류하던 불쌍한 내 영혼을 구원
하시려는 사랑의 초청장이었다.

비둘기 양식을 주는 딸은 나에게 생명을 주는 선교사였다

그렇다.

그 광고지는 종이에 불과했지만 분명히 하나님이 당신의 자녀를 부르신 천국의 초청장이었다.

입학 예배시간에 선포된 하나님의 말씀이 나의 모든 부끄러운 것들과 형편없는 것들을 보게 하시고 내 양심을 녹이시고, 묶여 있던 족쇄를 깨부수는 영적 방망이가 되어 나를 사단의 결박에서 풀어 주시는 영적 해방의 순간을 얻게 되었던 것이다.

그 시간에 내 영혼은 생명의 부활로 다시 태어났다. 죽었던 나의 영혼이 그리스도의 보혈에 접붙여지는 새 생명을 얻게 되었다.

나는 그 시간에 영적 신생아로 중생하게 되는 복된 인생으로 거듭난 주의 자녀가 된 것이다.

할렐루야!

06

새 이름과 새 생명

성경에 보면 사람들이 이름을 지을 때 그 이름 속에 의미를 담아 짓는 것을 볼 수 있다. 우리나라에서도 아이가 태어나면 아이의 이름을 의미있게 짓기 위해서 목사님 또는 작명소를 찾기도 한다. 그런데 어떤 사람들은 생활의 변화를 얻기 위해서 또는 출세를 위해서 이름을 개명하는 사람도 많이 있다.

성경에서 이름이 개명될 때는 그 속에 하나님의 뜻이 있는데, 내가 이름을 개명할 때는 연예 활동을 위해서였지 하나님의 뜻과는 무관했었다.

그런데 이 사건을 겪고 난 후 생각해보니 내 이름을 개명한 것도 그 속에 하나님의 뜻이 있었다는 것을 깨닫게 되었다.

하나님의 뜻을 전혀 모르는 나는 계속 야간 무대 출연을 하고 있었다. 정말 내 마음을 둘 곳이 없어 방황했었지만 나이트클럽 무대는 나에게 높은 수입을 제공하고 있었다. 그러나 아무리 수입이 많아도 그 돈이 나를 만족게 할 수는 없었다. 낭비하고 돌아다녀도 그것이 나에게 즐거움이 되지 못했다.

역시 내 마음은 항상 허공에서 방황하고 있었다.

교회 유치원에서 말씀에 감동이 되었다고, 어떤 죄책감과 부끄러운 나를 발견했다고 내 생활이 당장 변화되는 것은 아니었다. 세상의 정상을 잡으려 했던 방은미의 욕망은 아직도 마음 한구석에 웅크리고 있었다. 그래서 방은미라는 예명은 욕망을 성취하지 못했고 정상을 향한 Turning Point가 되지 못했다.

나를 방황하게 했으며, 혼돈 속에서 허덕이게 하는 이름으로 나에게 남아 있었다. 그렇다고 이제 다시 이름을 또다시 돌리거나 개명할 수는 없었다.

이리 갈까? 저리 갈까? 아니면 돌아갈까?

수만 가지 생각에 휘둘리며 세월을 보내고 있는데, 전에 느끼지 못했던 어떤 현상이 일어나고 있었다.

표현하자면 새벽안개가 벗어지는 듯, 희미하게 밝아오는 여명이 내 어둔 심령에 비쳐오는 것 같았다. 얽히고설킨, 뒤죽박죽된 내 인생이 서서히 정리가 되는 것같이 나의 실상이 보이며 무엇인가 깨달아지기 시작했다.

말로 표현할 수는 없었지만 어떤 밝은 힘이 내 마음을 움직이고 있음을 깨달을 수 있었다.

이것이 바로 성령의 역사였으며 하나님의 계획이었다.

[**정리 1**] 나에게 그런 사건이 꼭 필요했었다는 생각을 하게 되

었다.

만약 Top Star가 아니더라도 나는 나의 위치에서 부족함 없이 돈 벌고 세상 만족을 누렸을 것이다. 그렇게 안일함 가운데 사는 나는 자연스럽게 예수가 필요 없는 생활 속에 젖어 있었을 것이다. 물질이 나의 모든 것을 채워주고, 보호하며, 예수 없어도 세상 사는 데 아무 어려움과 지장이 없었기 때문이다. 그러니까 세상 욕망이 주는 사건과 혼돈과 방황이 없었다면, 나는 절대로 예수를 만나야 할 이유와 기회가 필요없는 사람이었다.

[**정리 2**] 또 만약 내가 세상의 정상이 올랐다면, 예수는 나에게 거치는 이름이 되었을 것이다.

왜냐하면 돈과 그 정상 자체가 나에게 확실한 우상이 되었을 테니까 말이다. 그리고 그 정상을 유지하기 위해서 온갖 수단을 동원하여 세상과 타협하며 세상과 짝하며 살았을 것이다. 그러니까 나의 옛 이름이어도, 또는 정상의 방은미가 되어도 나는 절대 예수를 만날 수 없는 사람이었다.

그래서 방은미로 개명한 사건은 구원을 위한 하나님의 계획 속에 있었다는 것을 깨닫게 되었다. 그 고통스런 사건이 있었기에 내 영혼은 주님의 생명이 잉태되는 은혜를 경험할 수 있었던 것이다. 그래서 그 욕망과 혼돈과 방황하는 사건들이 바로 새 생명으로 거듭나는 해산의 고통이 되었던 것이다.

새 이름은 타락한 세상과 유혹으로 인생을 흥정하는 죄의 진가를 톡톡히 맛보게 했다.

그 이름은 세상의 허물을 벗기는 고통과 새 생명을 얻는 해산의 진통을 경험하기에 합당한 이름이었다.

그 고통은 세상이 어떤 곳인지 알게 했고, 세상을 떠나게 만들어 준 성령이 사용하신 이름이었다.

개명하는 사건은 스타로서의 터닝 포인트가 아니라 죽었던 내 영혼이 구원함을 받는 터닝 포인트가 된 생명을 얻게 하는 새 이름이 되었다.

새 이름을 통해 성령께서 이렇게 역사하심을 깨닫게 되면서, 나의 영안이 조금씩 열려지게 되었다. 비록 고통스럽지만 이것이 하나님의 계획이었고, 새 이름을 얻게 된 이유였다고 생각하게 되었다. 그래서 구원의 계기를 만들어 준 방은미를 하나님 앞에 설 때까지 '내 이름'으로 계속 사용하기로 했다.

나의 이러한 변화는 세상이 이해할 수 없는 내면적인 영적인 사건이다. 내가 이렇게 영적인 시각이 열리고 영적인 은혜를 깨달아 가고 있는데, 세상에서는 나의 이런 변화와는 관계없이 계속 나를 찾았다.

이것이 자랑인지, 아니면 내가 바보라서 그런지는 모르겠지만 이전의 내 생활은 건전했었다. 그래서 동료들로부터도 칭찬을 받던 나였다. 내 자신에 대해서 너무 착각하고 있는 것인지 아닌지 모르겠지만….

그래서 어느 누구도 나의 이런 내면적인 고통을 아는 사람이 한 사람도 없었다. 나를 공개하지 않았던 이유 중에 하나는 만약 공개된다면 발가벗은 나를 보여 주는 것 같아서이다.

이것이 나의 마지막 자존심이라고 할까?

실상 교만하다는 평은 있었지만, 내가 함부로 살지 않았기 때문에 나를 함부로 대하는 사람은 없었다. 그리고 지금까지 어떤 나쁜 구설수도 만들지 않았다. 그래서인지 세상은 내 이름을 인정해 주었다.

그러나 나보다 나를 더 잘 아시는 하나님은 이미 나를 다스리시고 계셨다. 세상 사람들은 이혼에 대해 자유하며 속박당하지 않고 살아간다.

그런데 나는 왜 그렇게 그것이 내게 고통이 되었었는지, 그 고통이 나의 성격 때문이었는지 모르지만 무엇이 나를 그렇게 묶고 있었는지 잘 알 수 있었다.

나는 전혀 예수 믿는 사람이 아니었다. 그러나 나의 이 고통이 예수를 발견하게 하는 하나님의 계획과 뜻이었던 것이다. 즉, 그분을 만난 것도, 또 그분과의 결별로 인한 뒤늦은 후회와 방황과 고통도 모두 하나님의 뜻 안에 있었다.

그것들이 바로 나를 구원하시기 위한 하나님의 구원이 잉태된 영적인 고통이었던 것이다.

레코드 표지 사진

드디어 나 방은미는 죄와 타락이 춤추는 현장 속에서 예수를 만나게 된 것이다. 죄로 타락하게 되는 방은미가 아니라 예수 안에서 나를 찾게 된 방은미가 되었던 것이다.

하나님은 그 질퍽한 유혹과 타락 속에서 허덕이던 방은미를 하나님의 자녀로 삼아 주시고 그 죽음과 같은 힘든 고통에서 해방시켜 주셨다.

"그러므로 이제 그리스도 예수 안에 있는 자에게는 결코 정죄함이 없나니 이는 그리스도 예수 안에 있는 생명의 성령이 법이 죄와 사망의 법에서 너를 해방하였음이라"(로마서 8:1-2).

그 후 주님의 성령께서 나에게 뜨거운 체험을 주셨고, 즉시 내 인생의 목마름의 문제를 해결해 주셨다. 그리고 나는 세상 욕망의 올무에서 완전히 해방되었고, 하나님께로 서서히 나아가게 되었다.

내 이름을 개명하는 사건이 내 인생에 있었기에, 그로 인하여 내가 고통하며 방황하는 사건이 있었기에, 그 이름 방은미는 예수를 만나기 위한 새 이름이었다.

그 이름 방은미는 큰 복, 영생의 복을 받게 하는 새 생명의 이름이 된 것이다. 할렐루야!

07

사라지지 않는 열망

나는 8군 무대 출신으로 활동했으며 외국 무대 경험을 많이 갖고 있었기에, 호텔들이 번갈아 가면서 나에게 출연 스케줄을 엮어 주었다.

가수에게는 부를 수 있는 국내외 곡들과 출연할 의상을 많이 가지고 있어야 한다. 그것이 그 가수의 재산이고 가수의 능력이 되는 것이다.

그래서 나는 언제든지 출연할 조건을 갖추고 있었고, 어떤 무대에서 교섭이 와도 문제없이 출연할 수 있었다.

요즘 흔히 말하는 대형 가수라 함은 인기와 명성과 아울러 이런 조건을 다 갖추어야 한다. 그래서 나는 특별한 히트곡이 없어도 이런 조건을 갖추었기 때문에 활동하는 데 지장이 없었고, 히트곡에 대한 필요성을 느끼지 않고도 연예생활을 유지할 수 있었다.

그 당시 나는 방송에 출연할 때 내가 취입한 가요도 불렀지만 주로 번역 가요를 많이 불렀다. 그러나 시간이 흐를수록 히트곡에 대한 필요성을 느끼게 되었다. 왜냐하면 방송국에서는 히트한 곡과 히트한 가수가 우선이었기 때문이었다.

그것은 가수의 경력이나 실력이 중요치 않았고 대중성이 얼마나 높으냐가 중요했기 때문이다.

어떤 곡을 대중이 좋아하느냐가 가장 중요한 인기의 가치기준이 되었다. 쉽게 말하면 어린아이들의 입에서 쉽게 불려지는, 또는 일터에서 일하면서도 쉽게 부를 수 있는, 또는 버스를 타고 다니는 대중들이 쉽게 듣고 따라 부를 수 있는 노래들이 쉽게 히트를 치게 된다.

그러니까 나는 고급 무대, 대형무대를 우선했지 일반 대중을 의식하지 않았던 것이 나에게 문제인 줄 몰랐다. 다시 말해 문제는 참으로 내가 가수로서 대중을 의식하지 않았던 교만하고 미련한 사람이라는 말이다.

서울 가요제에서

뽕짝이라는 한국의 전통 가요를 생각해 보자. 한국의 정서가 담겨있고, 시대와 삶의 애환이 담겨있고, 진실한 인생의 모습을 그린 노래들이다. 그리고 아름다운 사랑의 노래들, 또는 아프고 가슴시린 사랑의 이야기들, 이런 노래들은 인생의 희노애락을 얼마나 진솔하게 표현하고 있는가!

이런 노래는 정말 실력이 있어야 부를 수 있다.

그 노래들은 우리의 정서를 표현하는 특별한 기술을 요하는 대중가요들이다.

정말 내가 물구나무를 열두 번 섰다가 일어나도 뽕짝을 부를 실력이 나에게는 없었다. 그래서 그런 노래는 내 스타일의 노래가 아니라고 생각했고, 부르려고도 생각지 않았다. TV 출연을 할 때도 노래를 가려 불렀으니 항상 내 자신은 Somebody라고 생각 했던 것이 문제였다.

나의 욕망을 채워줄 대곡만을 찾고 기다렸던 것은 이런 성격적으로 고집스런 이유가 문제였던 것이다.

보통 히트곡은 기억 속에 남아 있다 해도 그 생명이 몇 년 가지 않는다. 요즘은 옛날 노래들을 그리워하여 다시 옛 시절의 가수들을 찾는 무대가 만들어지곤 한다. 정말 주옥같은 노래들이 그대로 잊혀져가는 상황에 때맞추어 이런 움직임이 있는 것은 참 기분 좋은 일이다. 어느 때 노래하는 방송을 보노라면 그 옛날 생각이 떠오르기도 한다.

어쨌든 나는 항상 생각하기를 "나는 불멸의 가수로 불멸의 노래를 남길 거야!"라고 하면서 실상 불멸의 노래는 바로 뽕짝과 같은 인생이 담긴 노래들이라는 것은 생각지 않았다.

불멸의 히트곡은 내가 내는 것이 아니라 대중의 입에서 만들어지는 것이다. 대중의 입에 담기지 않으면 아무리 대곡이라도 히트를 만들 수 없는 것이다.

그러던 중 작곡가 K씨를 만나게 되었고 그런 일이 있게 되었던 것이다. 나는 강한 자존심과 집념과 교만 때문에 많은 투자를 하고서도 그분의 무례한 태도에 한순간에 스승관계를 결별하게 된 나의 극단적인 행동을 생각해 보면 나는 세상을 몰라도 너무나도 한참 몰랐던 사람이다,

세상에 적응할 줄 모르는 나!

나는 세상을 헤쳐 나가는 지혜가 없었던 사람이었다고 생각한다. 그러나 내가 이런 꽉 막힌 고집쟁이였기에 세상의 유혹을 뿌리칠 수도 있었다고 생각해 본다.

한편 생각해 보면 이런 성격을 누가 주셨는가!

나는 그분과의 관계를 끊고 다른 작곡가들과 활동을 시작했다.

다들 실력 있는 분들이었다.

그분들의 곡도 정말 아름다운 곡들이다.

그러나 내가 받은 곡들은 이상하게도 히트를 내지 못했다.

나는 이렇게 좋은 곡이 히트를 내지 못한 것에 대해 도무지 이해할 수 없었다.

내가 은퇴한 뒤에도 그 곡이 너무 좋아서 유명한 가수들이 다시 취입해서 부르기도 했었다. 아무리 유명한 가수가 다시 불렀어도 방송국에서 방송할 때는 〈노래: 방은미〉로 화면에 자막이 나갔다.

그때는 비디오로만 한국의 드라마, 공연, 뉴스, 교양프로를 받아 볼 때였다.

'정말 하나님께서는 내가 세상에서 유명해지는 것을 원하시지 않았구나! 그래서 그 좋은 곡들도 내 곡으로 흔적만 남기고 다른 가수가 부르게 되는구나'라고 생각했다.

요즘에 인터넷에 내 노래가 많이 나오고 있는데 만약 큰 히트곡

이 있었다면, 그것이 나의 우상이 될 뿐 아니라 그것에 노예생활을 했을 것이 뻔하다. 하나님은 그 우상에 잡혀 그것으로 나의 만족과 또는 유익의 미끼로 삼는 것을 싫어하시기 때문에 나의 과거를 증명할 자료만 남게 하신 것이라고 생각한다. 왜냐하면 그것은 나의 과거가 거짓이 아님을 증명하는 자료가 되기 때문이다.

내가 활동하던 당시 1974년 〈한국일보〉에서 개최한 한국가요제가 한국에서 처음 열렸다.

물론 나는 당연히 출전했다. 나는 10위 안에 당당히 입상을 했고, 방송과 신문에서 가창력 있는 가수라고 한동안 떠들어 주었다. 이런 경력은 출연료를 높이는 좋은 조건이 되었고, 공연활동을 하는 좋은 이력이 되어 주었다.

이렇게 입상한 경험이 나에게 또다시 도전할 기회를 갖게 했다.

1977년는 문화방송이 개최한 서울 가요제에 출전하게 되었다. 역시 입상했다.

그때는 나의 초창기 때 함께 일했던 작곡가도 신인 가수와 함께 출전하게 되어서 묘한 경쟁을 하게 되었다. 그분의 유명한 이름답게 그분의 곡이 역시 그랑프리를 하게 되었다.

나는 그분이 출전했음을 알고 시상 결과가 어떻게 될 것인가를 미리 예상하고 있었다. 예상한대로 그분이 대상을 가져가게 되었다.

그 신인 가수는 그때 대상으로 지금까지 유명 가수로 활동하고 있다. 이처럼 내가 그분과 함께 활동하면서 겨냥했던 것도 바로 이것이었는데 말이다.

그때 나는 그분 앞에서 나의 망가진 모습을 보이고 싶지 않았다. 내가 만약 그분의 권유를 받았으면 저 그랑프리는 내 것인데…. 이런 망상이 한참 나를 머물게 했다. 그러나 이미 다 끝난 일인데 하면서 정신을 가다듬었다. 왜냐하면 그분이 아니어도 내 실력으로 10위 안에 당당히 공동 입상을 했기 때문이다.

시상식이 끝나고 다 같이 퇴장하면서 나에게 "은미야 잘했다. 은미야 정말 미안하다"고 말했다.

서울 국제 가요제 예선 중에서

나는 그분의 그 말을 들으며 더욱 속상했다. 그래서 이렇게 대답했다.

"괜찮아요. 연예계가 다 그렇지요, 나도 입상했지 않아요!"

나는 금방이라도 눈물이 쏟아질 것 같았다. 그리고 그 때 그분의 그 말이 나와의 마지막 말이 되었고, 그때 그분과 함께 무대에 섰던 것이 영원히 마지막 대면이 되었다.

이렇게 가요제에 여러 번 입상을 하면서 나는 가요제 가수라는 또 하나의 이름이 붙여지게 되었다.

그 이듬해 1978년에 또다시 MBC에서 가요제가 개최되었는데, 이번에는 서울 국제가요제라는 세계적인 출전 무대가 마련되었다.

지금은 로스엔젤스에서 사시는 과거의 유명한 작곡가 K 씨(지금은 어느 장로교회의 장로님이시다), 그분의 권유를 받고 제1회 서울 국제 가요제에 출전하게 되었다.

그리고 번호 1번으로 본선에 출전했는데 방송국에서 한복을 입어 달라고 요청했다.

나는 그때 둘째 아이를 해산하고 몸이 상당히 불어 있었기 때문에 정말 다행이라고 생각했다. 몸이 얼마나 불었는지 가요제를 위한 의상을 따로 마련해야 하는데 어떤 의상으로 몸을 가릴까 생각하고 있었던 때였다.

그런데 한복을 입으라니 '참으로 잘되었다'고 생각했다.

가요제 결과는 묻지 않아도 확실한 입상이었다.

참으로 나의 모든 증언이 거짓이 아님을 세상이 증명해 주고 있었는데….

지금도 인터넷에서 74년, 77년, 78년 가요제를 검색해보니 아직도 입상자의 이름과 내가 부른 노래를 확인할 수 있었다.

그랑프리는 필리핀 가수가 받았지만, 나의 입상은 정말 자랑스런 상이었고 당당한 무대였다.

역시 방송과 신문들이 얼마나 크게 기사화 해주었는지 모른다. 어떤 주간지는 내 사진을 정면 겉표지에 실어줄 정도였다.

이렇게 매스컴에서 나에게 하이라이트를 비춰주었다.

참 고맙고 신나는 일들이었다. 이로 인하여 출연료는 점점 더 높아지고 방송국 출연 교섭은 더 많이 들어왔다.

이때 나는 이미 히트곡이 없는 유명한 이름의 스타가 되어 있었고 모두 부러워하는 위치를 얻고 있었다.

유명한 호텔 교섭이 줄을 이었다. 출연료는 부르는 대로 주겠다고 하였다. 이렇게 내 연예계 생활은 아무 지장이 없는 상태에 놓여 있었는데도, 내 마음 한 구석에는 아직도 나만 가질 수 있는 대곡에 대한 열망이 식지 않고 있었다.

그때 나는 예수를 믿으면서도 연예계에 대한 미련을 놓을 수 없었는데 그것이 내 영혼을 더욱 혼란하게 하였다.
끊임없이 솟아나는 히트곡에 대한 열망….
사라지지 않는 끊임없는 그 열망….

나의 화려한 대상 경력이 히트곡이 없어도 연예 생활의 전성기를 만들어 주고 있었지만 그럴지라도….
그러나 히트곡을 얻었다 해도 그 성취감은 생명이 없기 때문에 또 다른 히트곡에 대한 목마름이 있을 것이다. 왜냐하면 히트곡의 생명은 그렇게 길지 않기 때문이다.
그래서 세상에서의 성취는 신기루와 같은 것이 아니겠는가!
정상을 잡은 수많은 연예인들이 맥없이 무너지는 것은 성취의 자리가 허상이기 때문이다. 뿐만 아니라 허상을 깨닫게 될 때 허무와 고독과 외로움을 지탱하지 못하고 유명을 달리하는 사람들도 있다. 이것이 바로 정상의 실체이며, 열망이 주는 무저갱과 같은 함정인 것이다.

나는 기도를 한다고 하지만 실상 기도가 무엇인지 모르는 사람이었다. 하나님의 뜻이 무엇인지 모르는 욕망의 강렬함이 내 영혼에 가득 채워져 있었다. 그것은 기도가 아니라 욕망을 발산하는 몸부림이었다.

하나님께서 이 모습을 어떻게 보시고 계셨을까?

그러나 이런 상태도 내가 경험하고 겪고 지나야 할 한 과정이었던 것이다.

그런데 그 즈음에, 아무도 나를 이해하지 못할, 또 어떻게 표현할 수 없는 내면의 사건이 나에게 일어나고 있었다.

열망과 신앙의 사이에서 나도 미처 이해할 수 없는 사건이다.

열망에 사로 잡혀 가느냐? 아니면 성령에 이끌리며 사느냐?

나도 모르겠다.

내가 왜 이런 사이에서 고민을 해야 하는지?

그런데 현실적으로 전혀 내 의지와 거리가 먼 사건이 꿈틀거리며 내 영혼을 사로 잡고 있었다.

1978년 국제 가요제 출전을 마지막 무대로 연예계를 떠날 어떤 생각이 마음속에서 서서히 일어났다.

08

부끄러운 모습 그대로

난 하나님의 계획 가운데 특별한 은혜로 말미암아 예수 믿는 사람이 되었다. 사람마다 영혼의 생명을 얻는 방법이 모두 다르다,

어떤 사람은 이렇게 또 어떤 사람은 저렇게, 그리고 어떤 사람은 쉽게 또는 역경 속에서… 모든 사람에게 주어진 삶속에서 그 형편에 맞도록 하나님은 구원을 계획하시고 역사하신다.

내 인생은 실타래가 뒤엉킨 것 같은 도저히 실마리를 풀 수 없이 앞뒤가 꽉꽉 막혀버린, 내 영혼이 죄로 뒤범벅이 된 고통의 현장에서 주님을 만나게 된 것이다.

교회라고는 난생처음 나가 보았고 기독교인이라는 것도 나에겐 어울리지 않는 이름이었다.

그리고 내가 불편을 느낀 것은 내 생활과 내 모습이었다.

요즘은 의상, 화장, 문화가 급속도로 바뀌어서 요즘 젊은이들을 보면 연예인인가 생각할 정도로 유행의 최첨단을 달리고 있는 것

을 본다.

오히려 연예인들이 더 수수하게 생활하는 것 같은 생각이 들 정도다. 그리고 그 당시는 예수 믿는 연예인이 거의 없었다고 해도 과언이 아닌 시대였다. 그래서 연예인이 교회를 다닌다고 하면 교인들에게 대단한 뉴스거리가 될 정도였다.

그런 상황이었기 때문에 교회에 가면 사람들이 나를 보는 시선이 따갑게 느껴지기도 했었다. 그래서 내가 설 곳이 없고, 몸 둘 곳이 없을 정도로 이질감을 느끼며 다녔다.

이런 상황이라서 나는 최대한도로 이중적인 모습으로 나를 연출해야 했다. 그러나 나를 감동하게 하신 성령님의 강한 붙드심이 있었기 때문에 사람들의 따가운 시선을 이길 수 있었고, 이질감 속에서도 내 마음을 다스릴 수 있었다

호텔 포스터 사진

내가 예수를 만난 교회는 서대문 충정로에 있는 '충정교회'였다. 그리고 유치원 입학식에 설교하셨던 목사님은 담임이신 '김영춘 목사님'이셨다. 심방을 자주 오셔서 예배도 드려 주시고 적극적인 관심을 쏟아 주셨다.

목사님의 관심과 배려로 보다 적극적인 신앙생활을 하도록 도와주셨지만, 그 당시 나는 교회에 출석하는 것만이 내 교회 생활의 전부이며 최선이었다.

그런데 교회 다니는 것이 우리 가정에서 큰 문제가 되었다.
남편이 나에게 걸림돌이 된 것이다.

우리는 어제까지 원수 사이처럼 지낸 부부였다.

그런데 남편이 교회 다니는 나를 바라볼 때 예쁜 눈으로 보여질 리가 없었다.

"왜 이렇게 설치고 돌아다니는 거야?"

"암탉이 울면 재수가 없어!"

"이제는 별짓을 다하고 다니네!"

그리고 주일날 교회를 가려면 괜히 싸움을 걸어오는 것이었다.

요즘 말로 하면 핍박을 가해 오는데, 다시말하면 내가 예수 믿는 것을 적극적으로 방해하는 것이다.

그러던 어느 토요일 날 목사님과 권사님들이 심방을 오신단다. 그래서 나는 그래도 음식을 좀 마련하고 목사님을 맞이할 준비를 하고 있었다.

그 모습을 지켜보고 있던 남편이 왔다갔다 하더니 목사님 일행이 오실 시간이 가까워지자 돌아가면서 창문을 다 닫는 것이다.

"왜 그러세요. 더운데, 문을 열어야 해요. 음식 냄새도 빼야 하구요."

내가 문을 열려고 하면"문 닫아! 망신살이 뻗쳤어, 원 창피해서 못살겠네"하면서 문을 닫으라고 소리를 치는 것이었다.

그래서 우리 부부는 심방을 맞이하기 전부터 한바탕 부부싸움을 했다.

어제까지 부부 싸움으로 집안이 항상 시끄럽던 우리 집인데, 갑자기 어느 날부터 찬송가 소리가 창문 밖으로 흘러 나가게 되면 이웃들이 우리를 생각할 때 얼마나 정신 나간 사람들로 생각할 까

하는 남편의 생각은 그럴 듯 했으나, 실상은 내가 교회에 다니는 것에 대해 알레르기 반응이 엄청나게 컸던 것이다.

남편의 반대로 인해 또 다른 핵전쟁이 언제 터질지 모르는 시한 폭탄을 안고 사는 처지가 되었다. 항상 나에 대해서 불만스럽게 여기던 남편은 내가 예수 믿은 것을 또 하나의 부부 싸움의 주제로 삼았기 때문이다.

오죽하면 나는 이렇게 말하면서 다투기도 했었다.

"내가 이제 예수 믿고 사람 되려고 하는데 왜 그렇게 방해를 하세요?"

"그렇게 내가 예수 믿는 것이 싫으면 우리 이혼하면 되잖아요!"

이혼을 거부하는 남편의 마음을 알기에 이혼을 걸어 놓고 교회 다니는 것을 위해 투쟁했다. 이렇게 이혼이란 말이 거침없이 나왔던 것을 볼 때 그 당시의 내 생활과 심령 상태가 어느 정도였음을 짐작할 수있을 것이다.

사람들은 생각하기를 예수 믿으면 당장에 거룩해지는 것으로 기대한다. 그러나 나는 그렇게 부끄러운 그 모습 그대로 예수를 믿기 시작했다. 그리고 나의 성격은 집념이 강한 편이라서 예수를 믿어도 확실하게 믿고 싶었다.

어느 날 목사님이 설교 중에 십일조에 관한 말씀을 하셨다. 처음 들어보는 말이었고 어떻게 하는 것인지를 몰랐었다.

나는 목사님이 하시는 말씀을 자세히 듣고 하나님이 명령하신 십일조 드리는 일에 순종하기로 결단했다. 그리고 그 다음 주부터 십일조를 하기 시작했다.

그런데 난데없이 이것이 또 부부 싸움의 문제가 되었던 것이다. 내가 버는 돈은 일반인들의 수입에 비해 액수가 많기 때문에 십일조만 계산해도 일반인들의 생활비가 되는 큰돈이 되기 때문이었다.

얼마 후 목사님께서 심방 예배 후에 초신자로서 십일조를 행한 것에 대해 칭찬을 하셨다. 이 칭찬으로 남편이 십일조 하는 것을 알게 되었다. 거기다가 남편의 수입까지 합해서 십일조를 했으니 당연히 싸움이 터질 것은 뻔한 일이었다.

이 착한 행실이 한판 아닌 대판 부부 싸움을 하는 사건이 되어 버렸던 것이다. 그러나 나는 뒤틀린 내 인생을 바로 세우기 위해서 비장한 각오로 시작한 신앙생활이었다. 따라서 남편이 아닌 그 어느 누구도 나의 신앙생활을 꺾을 수 없었다.

이뿐만이 아니라 어쩌다 말 한마디를 잘못해도 "예수 믿는 사람이?!" 또는 "예수쟁이는 다 그렇게 말한데" 등등 그렇게 꼬치꼬치 긁어 대고 꼬집는 것이다. 나에게도 이렇게 불신자 남편에게 핍박(?)을 당하면서 교회를 다녔던 때도 있었다.

그런데 아무리 부부 싸움을 해도 나는 교회 가는 그 시간이 그렇게 기다려지고 좋을 수가 없었다.

나의 방송 스케줄은 쉬는 날이 없었다.

내가 예수 믿은 후부터는 주일은 바쁘다고 방송 스케줄을 잡지 않았다.

예배 시간이 그렇게 기다려졌기 때문이었다.

나에게 새 인생이 열리고 있다는 가슴 뛰는 감격이 있었기 때문
이다.

주일 아침은 유난히 하늘이 아름답고 화창해 보이고 나무 잎사
귀들이 춤추고 노래하는 것처럼 보였다.

세상과 사물을 바라보는 나의 눈에 큰 변화가 온 것이다.

'사람처럼 사는 것이 바로 이런 것이
구나!' 하며 인생을 다시 생각하게 되
었다.

이러한 마음들은 성령께서 새 세상을
새로운 마음으로 바라보게 하는 살아
있는 은혜였다.

실상 어떤 말로도 표현할 수 없는 가
슴 벅찬 은혜가 나를 감싸고 있었다.

이 은혜가 나의 영혼을 촉촉하게 적
시는 가운데 예수님이 좋고 예수님만
생각하는 사람이 되어 가고 있었다.

레코드 표지 사진

사랑이 무엇인가를 배우게 되었고, 교인들만 보아도 그저 기분
이 좋고 기뻤다.

난 그때부터 '인생이 무엇인가'를 다시 생각하며 신앙생활을 서
서히 배워 나가기 시작했다.

"우리가 세상의 영을 받지 아니하고 오직 하나님께로 온 영을 받
았으니 이는 우리로 하여금 하나님께서 우리에게 은혜로 주신 것
들을 알게 하려 하심이라"(고린도전서 2:12).

보통 사람들이 말할 때 성격대로 예수를 믿는다는 말을 한다.

나도 그랬던 것 같다. 그런데 지금 생각해 보니 그 때가 참으로 갓 태어난 아이가 아니었던가! '어떻게 신앙생활을 하며 무엇을 보고 무엇을 배우느냐?'이다.

그때부터 나는 영적인 옹알이를 하고 있었고, 영적인 걸음마를 배우고 있었던 것이다.

내가 겪는 한순간이 나에게는 참으로 중요한 학습의 시간들이었다. 한 사람의 신앙과 신앙인격을 형성하게 되는 중요한 성장의 시간들이기 때문이다.

그래서 '우리가 어떤 믿음의 동료들을 만나느냐'는 것도 참으로 중요한 것이다.

주님께서 영적으로 무지한 나에게 시작부터 좋은 지도자와 교회를 만나게 해주셨다. 이것은 은혜 가운데 인도하신 성령님께 진심으로 감사드리는 이유가 되었다.

진한 무대화장처럼 세상의 색조에 완전히 물들었던 옛사람이었다. 이런 나를 어떻게 그 옛 치장에서 말끔히 씻어낼 수 있었겠는가? 그것은 오직 하나님의 말씀과 변화시키시는 성령의 역사밖에는 없다는 것을 힘주어 고백한다.

09

서서히 변화되기 시작했다

모든 사람이 그렇겠지만 내가 예수를 믿게 된 것은 참으로 기적과 같은 사건이었다.

나의 친정은 불교 집안이었고 시집도 불교 집안이었다.

겉으로는 야단치는 분들이 없어도 내가 예수 믿기 전에 워낙 방황했던 생활을 했기 때문에, 나의 신앙생활을 칭찬하는 가족이 어느 쪽 가족이든 한 명도 없었다.

그러나 아무리 가족의 핍박이 있었다 해도 나에겐 문제가 되지 않았다. 왜냐하면 내가 만난 예수님은 내 인생을 바꾸어 주었고, 성령님이 강하게 내 손을 붙잡고 있었기 때문이다. 그래서 남편의 핍박과 더불어 친정어머니의 잔소리가 나를 엄청나게 힘들게 했지만, 파도가 높으면 배가 더 빨리 항해를 하는 것처럼 내 신앙생활에 어떤 가속화 현상이 일어나는 것 같았다.

그때는 이해할 수 없었지만 내 마음을 굳건하게 지켜 주는 어떤 힘이 있다는 것을 느낄수 있었다. 나중에 알게 되었지만, 나를 더욱 힘있게 밀어주는 배후의 힘은 바로 나를 구원하신 주님의 성령이었다.

성령께서는 가족들과 부딪힐 때마다 그 어려움을 통과할 수 있는 지혜를 주시고 흔들리지 않게 잡아 주셨다.

그 당시 나를 강하게 붙들었던 성령의 능력이 나를 넉넉하게 이기게 했던 것이다.

그토록 방해를 받았던 것은 바로 내 옛 생활을 잘 아는 가족들에게 나에 대한 신용이 바닥을 쳤기 때문이다. 그리고 도저히 내 행동과 생활을 믿을 수 없었고, 오히려 가족들은 또 다른 큰 걱정거리로 여겼기 때문이다.

가족들의 생각도 일리가 있었다.

나의 영적인 내면을 들여다 볼 수 없고, 성령의 하시는 일을 아무도 알지 못했기 때문이다.

그래서 나는 생각해 보았다.

'어떻게 해야 내가 인정받는 신앙인이 될까?'

내 신앙을 이웃으로부터 인정받으려면 모든 것에 본이 되는 신앙인이 되어야 하지 않겠는가 생각했다.

교회에 나가면 목사님은 주로 전도에 대한 말씀을 많이 하셨다. 그리고 믿지 않는 가족을 전도해야 한다고 말씀하셨다.

그래서 나도 남편에게 전도해야겠다고 마음을 먹었다. 물론 쉽게 먹히지는 않을 것이라 생각하면서 말이다.

나는 남편에게 교회 가자고 권유해 보았다.

남편은 "나같이 착한 사람은 안 믿어도 되니까 당신이나 잘 믿어"라고 말했다.

교회는 나처럼 철이 없고, 못되고, 문제 많고, 방황하는 사람들, 즉 세상의 신용 불량자들의 집합소라고 말했다. 그런 비판의 소리, 기분 나쁜 소리를 들어도 예수 믿는 내 마음은 변함이 없었다. 그럼에도 불구하고 나는 내 감정을 다스리며 꾹 참고 계속 전도했다.

처음 남편을 전도할 때는 남편의 영혼을 구원하기 위해서가 아니라 같이 교회 다니고 싶은 마음에서였다. 교회를 다니다 보니 가족이 함께 손잡고 다니는 것이 참 보기 좋았고 부러웠다. 그래서 남편에게 열심히 전도했지만 전도가 잘되지 않았다.

오히려 전도하는 것 때문에 줄곧 싸우는 일이 생기기도 하였다. 왜냐하면 나는 무장된 사람이 아니었고, 전도 전략에 대한 지혜가 전혀 없는 초신자였지만 그래도 나는 포기하지 않고 끈질기게 남편에게 다가갔다.

아마 가을쯤 된 것 같다.

나는 단단히 마음먹고 전략적으로 애교를 부리면서 시도를 해 보았다. 그랬더니 "알았어. 이번 주에 한번 나가 볼게" 하는 것이었다.

교회를 나가 준다고 하니까 나는 남편을 위해서 성경을 준비해 놓고 주일을 기다렸다. 약속했던 남편이 그날 아침에는 아무런 다른 트집을 잡지 않고 순순히 준비하는 것이 아닌가!

조금 있더니 나에게 서류 봉투를 하나 달라는 것이었다.

"서류 봉투가 왜 필요해요?"

성경책을 봉투에 넣고 가기 위해서란다.

"그냥 들고 갑시다" 했더니 "창피하게 성경책을 어떻게 들고 가!" 하면서 소리를 질렀다.

첫날인데 약속이 깨질까 봐 아슬아슬한 마음으로 회사 봉투를 갖다 주었다.

왠지 남편의 태도가 불안하고 마음이 불편했지만, 남편이 교회를 나가게 되었으니 아무 소리 말고 비위를 건드리지 말아야겠다고 생각했다.

남편은 서류 봉투에다 성경책을 넣고 옆구리에 끼고 집을 나섰다.

교회 정문까지 와서 잠깐 서더니 서류 봉투에서 성경책을 꺼내는 것이었다. 그리고 봉투는 반으로 접어서 성경책 사이에 끼워 넣고 교회로 들어서는 것이었다,

그런 행동이 우습기도 하고 은근히 창피하기도 했지만 가만히 있었다.

예배를 다 드리고 축도 바로 직전에 내 옆구리를 찌르더니 "빨리 나와" 하는 것이었다. 그것은 사람들을 만나고 싶지 않다는 뜻이었다. 혹시 누가 아는 사람이라도 만나면 망신이라고 하면서 말이다.

그런 말을 듣는 내 마음은 구겨질 대로 구겨져서 속이 뒤집어질 것 같았다. 그러나 성질을 건드리면 안 될 것 같아서 조용히 같이 따라나왔다.

그래도 일단은 성공이었다.

우리 부부는 그렇게 우스꽝스런 모습으로 교회에 나가기 시작했다. 바로 이 발걸음이 남편이 예수님을 믿는 신앙생활의 첫걸음이 된 것이다.

그렇게 완강하게 핍박하던 사람이 어떻게 이렇게 교회에 나올 수 있었을까.

이것은 우리 가정에 대단한 영적 개혁이 시작된 것이다.

주님에 대한 지식이 없는 무식한 나는 결코 전도할 능력이 없었다. 더욱이 가족을 전도하기가 얼마나 어렵다는 것을 우리가 잘 알고 있지 않은가.

그런데 어떻게?

후일에 남편의 이야기 속에서 알게 되었다.

그것은 인간 구제 불능처럼 생각했던 아내가 몇 달간 서서히 변해 가는 것을 보고 느꼈단다. 생각하는 것이 달라지고, 생활 습관이 서서히 바꾸어지고, 하고 다니는 모습도 달라지고, 입술의 말도 달라지며 변해가는 것은 보게 되었단다.

어느 누구라도 자신의 모습을 잘 볼 수 없다.

그러나 옆에 함께 사는 남편은 아내가 변해 가는 모습을 확실하게 볼 수 있었던 것이다.

'저 사람을 변화시킬 사람이 아무도 없는데, 어떤 힘이 내 아내를 저렇게 변화되게 하는걸까'

그렇게 생각하고 있을 때 아내의 전도가 자연스럽게 받아들여졌다는 것이다.

그렇다. 나는 내가 전도했다고 생각했지만 실상은 성령님께서 이미 남편의 마음을 움직이고 있었던 것이다.

우리 부부가 예수 믿고 나니 이전에 지옥과 같았던 내 가정이 구원 받은 이후부터 날마다 날마다 잃었던 에덴이 회복되고 있었으며 천국의 모습으로 변해 가는 것을 체험하게 되었다.

사실 남편이 교회 나가기 싫어했던 것은 술 담배를 좋아했던 이유도 있었다. 나중에 교회에서 세례를 받게 되었는데, 목사님의 세례 문답 시에는 술 담배를 끊지 않은 상태였다.

남편이 처음 예수 믿을 때는 옛 모습대로 예수를 믿게 되었다. 그런데 후일 술이든 담배든 세상에서 끊지 못했던 모든 것들을 성령님께서 딱 소리가 나도록 끊게 하셨다.

우리 부부는 예수님을 가정의 주인으로 모시고 서서히 변화되기 시작했다. 모든 사람들이 인생을 살아가며 다양하게 대인 관계를 하게 된다. 그중에 제일 가깝게는 부부 관계이다.

예수님은 그렇게 원수 같던 우리 부부를 주 안에서 하나가 되게 하셨다.

일반적으로 어떤 일이 발생하면 모든 원인을 상대방에게 화살을 돌리며 책임을 전가하는 행동을 하게 된다.

그리고 모든 것을 자기 기준에 맞추어 생각하고 해결하려고 한다. 그래서 잘되면 내 탓, 잘못되면 모두가 "너 때문이야!" 라고 손가락질을 하며 살아간다.

그러나 말씀 안에서 살아갈 때 성령님께서 우리의 죄와 허물과 구습을 좇는 옛사람의 모습을 벗기시고 날마다 변화되는 새로운 삶을 살도록 인도하심을 알 수 있었다.

나의 연예계 생활도 마찬가지였다.

모두 그렇고 그런 삶의 울타리 속에 살면서 모두다 자기의 생각을 절대 기준으로 사는 것이다. 그래서 연예인들은 모두다 잘난 사람들만 모여 사는 것 같았다.

그런데 예수 믿고 난 후부터는 내 생각과 생활이 달라졌다. 혹시 나도 남의 입에 오를까 매사에 조심했고 말과 행동을 더욱 조심했다.

아담이 범죄했을 때 하와에게 모든 죄를 전가했던 것을 우리는 잘 안다. 사람들은 모두 범죄 한 아담의 죄성을 타고 났기 때문에, 문제가 생기면 누구든지 상대방에게 전가하거나 뒤집어씌우려는 본성이 있다. 그러나 예수 믿는 사람들은 남의 탓을 하지 말아야 한다.

남편을 변화시키려면 아내가 먼저 변화되어야 한다.
가정을 변화시키려면 부부가 함께 변화되어야 한다,
사회를 변화시키려면 믿는 사람들과 교회가 변화되어야 한다.
나라를 변화시키려면 위정자들이 먼저 변화되어야 한다.

그래서 누구든지 이웃을 변화시키려면 내가 먼저 변화되어야 한다는 말이다.

우리는 정말 원수 같은 부부였다.

뿐만 아니라 우리 집은 전쟁터를 방불케 하는 초긴장 상태였었다. 그런데 이런 우리가 예수 믿는 부부가 된 것은 분명히 하나님의 은혜였고 주님의 뜻이 있었다.

그 하나님의 뜻을 후일에 점차 알게 되었다.

10

저두 교회 다니는데요!

나는 연예계 생활을 할 때 말 많이 하는 수다쟁이 참새가 아니었다. 말없이 다니니까 쌀쌀하다느니, 또는 교만하다는 말을 많이 들었다. 공연이나 무대에 관한 말 외에는 불필요한 말로 내 마음과 시간을 낭비하고 싶지 않았기 때문이다.

또 말하지 않은 이유는, 연예인들이 서로 나누는 농담과 음담패설 같은 말들이 너무 싫었다.

내 성격은 이런 분위기를 용납하지 못했다. 그래서 나는 분장실, 또는 대기실에서도 대부분 신문을 읽거나 잡지를 읽고 있었다. 이런 나의 태도 때문에 주변으로부터 거만하다는 소리를 많이 듣게 되었다.

그런데 예수 믿고 난 후부터 더욱 내 생각과 생활에 변화가 이러난 것이다. 그 당시에는 텔레비전 방송이 KBS, MBC, TBC가 있었다. 이 세 방송을 번갈아 가면서 출연을 했었다.

어느 날……

TBC에 "쑈쑈쑈"라는 간판 프로가 있었는데 그 방송에 출연하기 위해 갔다.

나는 분장을 마치고 내 순서를 기다리고 있었다.

그 프로는 미국 밥 호프와 같은 한국에서 사회자의 대부가 되시는 분이 맡고 있었다. 그분은 이미 하늘나라에 가신 후라이 보이라는 별명을 가진 곽규석 씨였다. 후일에 목사님이 되셨는데, 그때 예수 믿고 막 뜨겁게 전도하시던 때였다.

내가 분장실에 앉아 있는 것을 보면서 말하셨다.

"방은미 잘 있었어?"

"네, 안녕하세요?"

"방은미, 예수 믿어야 해!"

"네? 선생님도 예수 믿으세요?"

"그럼, 예수 믿지."

"저두 교회 나가는데요!"

"그래, 정말 반가운 소리군. 그런데 말이야 교회만 나간다고 예수 믿는 사람 되는 것 아니야."

"그럼 어떻게 해야 되는 거죠?"

"응, 예수를 믿으려면 제대로 믿어야 해."

"어떻게 해야 제대로 믿는 것이지요?"

"성경을 덮어 놓고 믿지 말고 성경을 열어 놓고 믿어야 돼!"

"성경 공부하라는 말이예요?"

"그럼 성경 공부는 어떻게 하는 거예요?"

"응, 우리 연예인들이 모여서 공부하는데 정말 좋아. 같이 나와서 공부하지 않을래?”

“가르치는 선생님이 누구세요?”

“그분은 전도사님이신데 하용조 전도사야.”

“우리 몇몇이 모여 구봉서 씨 댁에서 공부하는데 같이 가볼까?”

그렇게 하여 나는 곽규석 씨와 함께 구봉서 씨 댁으로 가게 되었다.

구봉서 씨 댁은 미아리 근처에 있었던 것으로 기억하는데 집이 무척 컸다.

안방에 갔는데 그 큰 방에서 사람들이 모여 앉아 있었다.

내가 들어가니 앉아 있던 선배들이 무척 반겨 주었다.

하 전도사님의 말씀을 듣고 점심을 먹고 난 뒤 나왔다.

그런데 내 생활이 바쁘기 때문에 공부하는 아침 시간을 지켜서 그곳까지 가기가 힘들었다. 그래서 더 이상 갈 생각을 하지 못했다.

한참을 오지 않자 곽규석 씨가 나를 만나더니 또 말씀하셨다.

“우리가 방송국 가까운 곳에서 모여 공부하니까 나올래?”

“어디서 공부를 하나요?”

“저기 서대문에 있는 아세아 연합 신학원에서 매주 화요일 아침 10시부터 시작해.”

“다음 주부터 나올래?”

“네, 한번 생각해 볼께요.”

이렇게 대화를 나누고 난 돌아왔다.

그리고 생각했다.

연예인들에게 아침 10시면 잠 속에 빠져있는 시간이다.

그리고 보통 낮 12시경에나 기상하는 생활이었다. 밤늦도록 공연하고 집에 들어오는 시간은 깊은 밤이다. 밤늦게 들어와 밤참을 먹고 샤워하고 나면 거의 2-3시에 자게 되는데, 이런 생활의 리듬이 연예인들의 일상생활이었다.

나는 곽규석 씨와 나눈 대화에 관심이 모아지고 있었다.

어떻게 성경 공부를 해야 제대로 믿게 되는 것일까?

한번 성경 공부에 동참하고 싶은 마음이 들었다.

그것도 아침 10시에 가볼 생각을 하게 된 것은 아세아 연합 신학원이 바로 집 옆이어서 결정했다.

구봉서 씨 댁은 멀다고 느꼈는데 그에 비해 아세아 연합 신학원은 담 너머 몇 집 옆에 있었기 때문이다.

하나님은 나보다 내 형편을 더 잘 아시는 분이기에 이렇게 인도하신 것이 아닌가 생각해 보았다.

그때부터 나는 성경공부를 시작했다.

두 분이 이렇게 전도하고 인도하면서 탤런트, 작가, 성우들이 모이게 되었고, 내가 공부를 처음 시작할 때는 가수가 한 사람도 없었다. 내가 처음이라고 했다. 왜냐하면 가수들은 다른 분야의 연예인들과 생활이 좀 다르기 때문이다.

드라마를 찍는 분들도 밤샘 작업을 하기도 할 것이다. 그런데 가수들이 다른 분야의 연예인들보다 예수 믿기가 더 힘든 것은 밤무대가 주활동 무대이기 때문이다. 그래서 가수들은 낮과 밤을 한 삼분의 일 정도 돌려놓은 생활을 하는 것이다. 이런 생활로 인해 가수에게 전도를 해도 모임에 나올 기회를 얻기가 쉽지 않았다.

그런데 내가 처음 전도되어 멤버가 된 것은 집이 바로 옆이었기에 가능했다고 생각한다.

이것도 지금 생각하면 하나님의 계획과 은혜가 아닌가 생각한다.

성경 공부를 하는데 점점 그 시간이 그렇게 재미있고 꿀맛이었다. 이렇게 공부하다 보니 전도를 해야 되는 이유를 알게 되었다. 그래서 나는 그때부터 가수들에게 전도를 하기 시작했다.

역시 가수들을 전도하기가 그리 쉽지는 않았다.

그러던 중 전도의 첫 열매가 생기게 되었다.

평소에 서로 다정하게 오랫동안 함께 활동했던 가수인데, 그녀는 가정 파탄과 아기의 죽음으로 충격을 받고 자살 소동을 했던 상태였다.

그녀의 이런 처지가 전도하기 좋은 기회가 되었던 것이다

어려움을 위로하고 그동안 겪은 이야기를 듣기 위해 찾아갔다. 완전히 인생 낙오자의 가련한 모습으로 삶을 포기한 사람처럼 형편없는 몰골을 하고 자리에 누워 있었다.

그녀에게는 예수가 필요했다.

내가 그녀에게 줄 수 있는 것은 아무것도 없었다.

우리 주님께서 그녀의 인생을 조율하시고 만들어 가실 것이라는 생각이 들었다.

그래서 나는 조용히 분위기를 잡고 말을 시작했다.

"언니, 어떠세요? 힘내세요. 누가 언니를 위로한다고 한들 그 마

음을 알겠어요. 나는 언니에게 어떤 말로도 위로할 수 없어요. 그러나 언니를 도와 줄 수 있는 분이 있어요.”

그랬더니 눈을 감고 있다가 눈을 뜨면서 “이런 나를 누가 도와?” 하는 것이다.

“언니, 예수님이 언니를 도울 수 있어요” 했더니

“시끄럽다. 웃기는 소리 하지 마. 나 아무 말도 듣고 싶지 않아.”

물론 그 시간, 그 상황에서 어떤 말이 들리겠는가.

그래도 나는 듣기 싫어도 들어야 된다고 하면서 말을 이어갔다.

“이제 일어나서 우리 예수 믿어요. 예수님이 언니의 참 위로자가 되시고 언니의 모든 아픔을 싸매시는 분이세요. 내가 언니를 도와줄 수 있는 것은 오직 예수 믿으라는 말밖에는 없어요.”

그랬더니 자살 소동 후유증으로 다 죽어 가던 사람이 깔깔깔깔 웃어대는 것이 아닌가!

“언니 왜 웃어? 아픈데 그렇게 웃어도 돼?”

그랬더니 “얘 은미야, 제발 사람 웃기지 말아. 너에게 어울리는 말을 해라. 정말 사람 오래 살고 볼일이야” 하면서 또 웃는 것이었다.

“언니! 농담 아니야, 언니의 생명이 걸려 있는 말이야. 살고 싶으면 내 말을 들어.”

나는 그렇게 그녀와 대화를 나누었다.

그녀가 당장 예수를 영접한 것은 아니었지만 그 시간 그녀가 즐거웠으니 다행한 일이었다.

그녀가 왜 그렇게 반응했는가 하면, 내가 예수 믿고 내 입에서 예수를 말한다는 것은 누구도 기대할 수 없는 사건이었다.

예수와는 전혀 관계없이 방황했던 것을 주변의 친구들이 다 알고 있었기 때문이다. 그런데 이렇게 진지하게 전도를 하고 있으니 그들에게는 나에 대한 믿음이 가지 않았던 것이다.

나는 그들에게 신용이 떨어진 사람이었지만 구원 받은 확실한 하나님의 자녀였다. 주변 사람들의 어떤 반응에도 상관하지 않고 나는 진지하게 전도할 수 있었다. 주일날이면 차를 가지고 그녀 집으로 가서 교회 갈 준비를 시켜서 교회로 데리고 갔다.

왜냐하면 몸이 온전한 상태가 아니었기 때문이다.

그리고 예배 후에는 집에 데려다주고 하는 일을 본인이 스스로 교회에 출석할 때까지 했다.

처음에는 어색해 했는데, 교회의 교인들이 위로와 사랑으로 돌보아 주자 쉽게 적응하게 되었고, 나중에는 나보다 더 기쁘게 교회를 다니게 되었다. 이렇게 해서 그녀가 전도의 첫 열매가 되었다.

그녀의 이름은 미국 동부에 살고 있는 지금의 허림 권사이다.

나는 그 당시 밤무대에 평균 3-5곳까지 겹치기 출연을 하고 있을 때였다. 그래서 밤무대 대기실에서 만나는 연예인들은 모두 나의 전도의 대상이 되었다. 그 당시는 거절을 당했어도 몇 년 뒤에 교회로 찾아 나오는 것을 볼 수 있었다.

임희숙 권사가 그랬다. 그 외에도 여러 명이 있었다.

전도할 때는 당장 교회에 나오기를 바랐다.

그러나 사람마다 예수 믿을 때와 예수 믿게 되는 동기가 각기

다르다는 것을 알게 되었다. 구원받는 것은 하나님의 계획과 절대 주권에 속한 일이며 각자가 구원받을 때가 있기 때문이다.

구원의 은혜는 하나님과의 일대일의 관계로 이루어지는 사건이다.

어떤 사람을 전도했는데 그 사람이 교회에 나오게 되면 얼마나 기쁜지 '내가 이렇게 기쁜데 하나님은 얼마나 기뻐하실까!' 아마 예수님은 하늘나라에서 춤을 추실 것이라 생각했다.

"나는 심었고 아볼로는 물을 주었으되 오직 하나님은 자라나게 하셨나니 그런즉 심는 이나 물주는 이가 일반이나 각각 자기의 일하는 대로 자가의 상을 받으리라"(고린도전서 3:6,7).

이렇게 나는 연예인 교회가 설립되기 전에 성경 공부 멤버로서 주님의 뜻을 이루기 위하여 교회를 세우는 준비 과정에 들어가게 되었다.

11

성경 공부는 신앙의 생명줄이다

예수 믿는 것을 생각하면 쉽기도 하고, 또 어떻게 생각하면 힘들고, 어렵게 느껴지기도 한다. 그냥 주일날 한번 교회만 왔다갔다 하는 것은 그렇게 어렵지 않다. 그러나 수요예배와 금요예배, 그리고 성경 공부까지 참여하면 시간적으로 부담이 느껴진다.

그런데 신앙은 영적인 일이기 때문에 교회에 왔다갔다 하는 것만으로는 신앙이 자라지 않는다.

보이지 않는 하나님을 눈으로 보는 하나님으로 이해하고 또 귀에 들리지 않는 하나님의 말씀을 귀로 듣는 것처럼 마음으로 들어야 한다. 그리고 성경이 하시는 말씀을 생생하게 나에게 주시는 말씀으로 듣고, 아울러 그 말씀에 순종해야 한다.

이렇게 말씀이 자신의 생활에 적용되어야 신앙생활이 어렵지 않고 즐겁게 되는 것이다.

이렇게 되기까지는 짧은 시간에 되는 것이 아니다.

끊임없이 말씀을 내 생활에 적용하기를 스스로 훈련하고 순종하면 말씀대로 사는 주의 자녀가 될 수 있다. 그래서 성경 말씀을 올바로 그리고 부지런히 배워야 하는 것이다.

언젠가 곽규석 목사님이 나에게 하신 말씀이다.
"신앙생활은 성경책을 덮어 놓고 믿는 것이 아니다."
그 말씀이 생생하게 내 마음에 깊게 새겨졌다고나 할까!
그래서 나는 신앙생활 시작부터 성경 공부하는 것이 예수를 잘 믿는 방법인 줄 알았다. 앞에서 말했지만 공부 모임 장소도 집 바로 옆이라서 나가는 데 부담도 없었다. 화장을 하지 않아도, 정장이나 드레스를 입지 않아도, 차를 가지고 나갈 필요도 없었다.

그 당시 하용조 전도사님

드디어 어느 약속한 날 아세아 연합 신학원을 찾아갔다. 공부할 장소는 이층이었는데, 몇 명 되지는 않았지만 평소에 낯익은 코미디언들이 있었다.

그때는 내가 매스컴에 한참 뜰 때였기 때문에 모두 나를 반겨 주시며 좋아하셨다. 그곳에 모인 사람들은 현재 예능교회의 고 곽규석 목사님 부부, 고 구봉서 장로님 부부, 김희숙 전도사님, 김유선 선교사님, 유준 장로님, 정숙경 권사와 이름이 잘 기억나지 않지만 성우도 몇 명 있었다.

성경 공부는 하용조 전도사님께서 지도하셨다.

나는 생각했다.

'저렇게 유명한 선배님들이 열심히 성경공부를 하시는데….'

그 모습들이 나에게 잔잔한 충격을 주었다.

전도사님이 진지하게 공부를 인도하셨고, 배우는 학생들의 적극적인 자세도 너무 좋아 보였다. 간혹 전도사님이 질문을 하시기도 했다. 그러면 코믹한 대답으로 웃음이 터지기도 했다. 또 교인들의 엉뚱한 질문에 전도사님이 배를 쥐고 웃느라고 공부를 진행하지 못할 때도 있었다.

언젠가는 전도사님께서 "예수님이 부활하신 후 제자들에게 나타나셔서 무엇이라고 말씀하셨겠습니까?"라고 질문을 하셨다.

한참 조용히 생각하고 있는데, 그 당시 구봉서 장로님이 입을 열어 하시는 말씀이 "너희들 나 보이니?"라고 대답을 하셨다.

그 말을 들은 교인들이 배꼽을 쥐고 웃었는데 그 시간은 웃음의 도가니가 되었다.

우리 연예인들은 사실 머리가 좋은 사람들이다.

머리가 좋지 않으면 연예활동을 감당하기도 힘들고 좋은 작품을 만들기도 어려울 것이다. 그래서 성경 공부도 열심히 잘했던 것이 아닌가 생각해 본다. 그러나 성경 말씀을 잘 소화해내는 것은 좋은 머리로 이해하는 것은 아

대구 집회에서 구봉서 장로님과

니다.

성경 말씀은 영적인 이해로 이해해야 하는 것이다.

그런 면에서 연예인 교회 초창기 멤버들은 영적인 면에서 열린 마음이었다고 생각한다.

또 기도는 얼마나 뜨겁게 했는지 모른다.

얼마 후 우리는 연예인 교회 설립을 위한 기도회를 갖게 되었다.

나는 기도회에 동참하여 말씀을 듣고 함께 기도하는 시간을 갖기로 하고 수양관에 올라갔다.

그때 나는 남편이 교회 설립에 함께 동참하기를 원하여 함께 기도회에 참석하려고 생각했었다. 그러나 남편은 관심도 없고 나의 권유를 싫어하였다.

나는 남편에게 꾀를 내서 말했다.

교인들이 모두 일을 마치고 모이려면 밤늦게 기도회에 모여야 한다고 했다. 그래서 나는 남편에게 함께 갈 전략으로 말을 꺼냈다.

"여보! 수련회 시간이 밤 12시경이니까 기사를 집에 보내고 당신이 직접 운전해 주세요."

그때는 통행금지 시간이 있을 때라서 12시가 넘으면 차를 타고 갈 수가 없었다. 그래서 더욱 남편이 필요해서 부탁을 했던 것이다. 남편은 귀찮아하면서도 나를 데려다 준다고 하였다. 남편은 곧 집으로 돌아올 생각이었다.

그날은 2월 초순경 어느 날 밤이었다.

그날 밤은 날씨가 무척 추웠다.

수련회 장소는 한남동에 있는 미군 부대의 수양관이었다.

도착하니 12시가 넘어서 남편에게 말하기를 집에 왔다갔다 하지 말고 같이 들어가자고 권유했다.

"여보, 날씨가 추우니까 들어가서 기다리세요."

그러나 남편은 당연히 거절했다. 그러면 내가 언제 나오게 될지 모르니까 기다려 달라고 했다. 그랬더니 그럼 빨리 나오라고 하면서 차에서 기다린다는 것이다.

"내가 연예인이야? 연예인들이 모이는 자리에 내가 왜 가야 해. 나는 갈 필요 없어."

그리고는 차 안에다 히터를 틀어 놓고 자겠다고 했다.

나는 계속 보챘다.

"밖에 있으면 감기에 걸리고 히터를 틀고 자면 위험해요"라고 해도 그 고집을 꺾을 수 없었다.

"마음대로 하세요" 하고는 얼마나 버티나 보자 하는 마음으로 나 혼자 수련회 장소로 들어갔다.

시간이 많이 흘러갔다.

예배가 끝나고 찬양 시간이 되었는데 아무리 실내라고 해도 밤이 깊어지니까 추워지는 것이었다.

시계를 보니 새벽 2시가 넘었던 것 같다. 뒤에서 문소리가 "삐걱-"나면서 누가 들어오고 있었다. 불빛이 희미한데 자세히 보니 남편이었다. 결국은 추워서 들어오게 되었는데 내 옆에 조용히 앉아 있었다.

우리는 찬양을 한참 하고 난 뒤 기도 시간을 갖게 되었다.

개인기도도 하고, 짝을 만들어 서로 기도해 주는 짝기도도 했다. 그리고 분위기가 뜨거워지면서 그룹 기도도 하게 되었다.

이렇게 여러 가지 순서가 지나가는 동안 남편은 남자들과 함께 어울려 기도했다. 짝기도를 위해 옮기고, 또 그룹기도를 위해서 저렇게 자리를 옮기면서 기도하고 있었다. 시간이 얼마나 지났을까. 한참 후에 어디에서 우는 소리가 들렸다.

알고 보니 남편이 깨어지는 순간이었다.
아내의 변함을 보고 교회에 다녔지만 건성이었고 교회 마당만 밟고 다녔던 교인이었다. 그리고 그때는 담배도 피우고 술도 마시면서 교회만 나가는 사람이었다.
그런데 그날 밤 전도사님이 기도를 인도하는 가운데 성령을 받은 것이다. 그 순간들은 성령의 뜨거움을 체험하기에 충분하고 풍성한 시간이었다.
모두 감동이 되어 눈물을 흘리고 회개하는 시간이 되었다.
차에서 잠을 자겠다던 남편이었다.
그런데 너무 추워서 들어온 것이다. 그런 남편이 성령의 뜨거움을 체험하게 된 것이다.

실내가 뜨거워서가 아니라 성령의 충만함으로 뜨거워진 남편이 영적으로 성령을 체험하게 된 것이다. 주님 앞에 무릎을 꿇고 진실하게 예수를 영접하는 역사가 일어났던 것이다.
그런데 그날 밤은 우리 부부뿐만 아니라 말씀을 듣고 기도하는 가운데 모두가 성령체험을 했던 것이다. 성령 체험했던 뜨거운 간증들이 터져 나왔다.

이렇게 하여 남편도 그날 밤 구원의 대열에 서게 되었다.

그날 남편과 함께 기도하던 분이 유준 장로님이었다.

그렇다. 교회를 다닌다고 모두 구원받은 자라고 할 수 없다. 개인적으로 인격적으로 예수님을 내 생명의 구세주로 영접해야 한다. 그러면 예수님께서 모든 죄악된 생활을 깨끗이 용서해주시고, 새생명을 주시며, 새생활이 시작된다. 이것이 회개이고 주님께 돌아오는 것이다.

이러한 영적인 사건을 체험하지 못하면 구원받았다고 말할 수 없을 것이다.

우리는 성경 공부를 통해서 구원을 깨달았고, 영성 훈련과 함께 인격적인 주님을 체험함으로 구원의 확신을 얻게 되었고, 성령 충만함으로 연예인 교회 설립을 위해 기도로 준비하기 시작했다.

"네가 이것으로 형제를 깨우치면 그리스도 예수의 선한 일군이 되어 믿음의 말씀과 네가 좇은 선한 교훈으로 양육을 받으리라 망령되고 허탄한 신화를 버리고 오직 경건에 이르기를 연습하라 육체의 연습은 약간의 유익이 있으나 경건은 범사에 유익하니 금생과 내생에 약속이 있느니라"(디모데전서 4:6-8).

12

예수 때문에

나는 사람들이 나를 비판하고 있다는 것을 잘 알고 있었다.

바늘로 찔러도 피 한방울 나오지 않는 냉정하고 강한 성격의 사람이라고 한다.

어떤 점에서는 나도 그렇게 인정한다. 그러나 난 여자이기 때문에 겁도 많고, 어떤 면에서는 소극적인 면도 있었고, 때로는 용기 없이 주저할 때도 많은 사람이다.

그러나 목표가 뚜렷한 일이거나 꼭 해야 할 일이라면 타협하지 않고 빈틈없이 일하는 성격이다.

또, 한번 손을 댄 일, 시작한 일은 끝을 내야 하는 성격이 있다. 아마 내가 예수를 믿게 된 것도 나의 이런 성격이 작용되었다고 생각한다.

내가 예수를 믿고 나니 이런 세상도 있었구나!

이것은 새로운 발견이었다. 그리고 돌아보니 '난 정말 바보 같은 인생을 살았구나' 하는 생각을 하게 되었다. 정말 예수를 만난 생활이 얼마나 귀하고, 보배롭고, 얼마나 좋은지….

그러면서도 나는 아직 예수와 나와 어떤 관계인지도 잘 이해하지 못한 상태였다. 그런데 그 이름 예수만 생각하면 왠지 즐겁고 마음이 편해지는 것을 느낄 수 있었다.

설교 말씀을 들을 때면 말씀이 모두 나에게 하시는 말씀처럼 때로는 다정하게, 때로는 마음에 찔리고, 때로는 부끄럽게 느껴지기도 하고, 어느 때는 감사하기도 하고, 어느 때는 깊은 회개를 하기도 하고 말이다. 그런데 이 모든 말씀들이 나의 눈을 뜨게 했고, 그 깨달음으로 내 영혼이 날마다 조금씩 자라 갔던 것이다.

그러는 가운데 나는 주변 사람들이 이해하지 못하는 행동을 해서 주변 사람들을 놀라게 하는 일도 있었다. 그래서 예수를 처음 믿으면 말과 행동에 조심해야 하고 누구에게든지 혐오감을 주지 말아야 한다.

일반적으로 방송에서 출연 교섭이 올 때 자기 히트 곡이 없는 경우는 '이곡'을 해달라고 요청한다. 그런데 나는 예수 믿은 후 줄곧 찬송가나 복음 성가를 부르겠다고 말했다. 방송 프로는 그 흐름이 있는데 이것은 출연하는 가수로서 상식적으로 통하지 않는 억지였다.

이런 나의 태도는 연출가들을 많이 힘들게 했다.

그때만 해도 방송에서는 찬송가를 일체 부르지 못하게 했던 시절이었기 때문이다. 이런 소문이 잔잔하게 방송가에 흘러 나가게 된 것이다.

당시 국가 대표 선수인 이영무 씨가 있었는데, 국제 시합에 나갈 때마다 골을 넣으면 그 자리에서 무릎 꿇고 기도하는 것으로 유명한 선수였다.

MBC에서 이영무 씨의 특별 프로를 만들었는데, 이영무 씨는 찬송하는 조건으로 출연을 하였다.

나는 이영무씨를 전혀 모르고 있었는데, 이때 이영무 씨는 방은미와 함께 찬양하기를 원해서 나를 섭외했었다. 방송 사상 TV 방송에서 찬송을 정식으로 부르기는 처음 있는 일이었다. 나는 방송에서 찬송하게 된 것도 하나님께서 나의 소원을 아시고 나를 섭외하셨다고 믿는다.

사실 그렇다. 방송에서 출연 교섭이 오면 대스타가 아니면 자기가 원하는 곡을 거의 할 수 없다. 그런데 방송에서 찬송가가 흘러나오는데 수많은 시청자들이 은혜를 받았다고 했다.

40년 후 이영무 목사님과 함께

이영무 씨는 후일 목사가 되었고, 우리 새빛교회에 오셔서 이 사실을 증거하며 나와 함께 찬송을 했는데, 약 40년 전에 불렀던 "주 안에 있는 나에게"였다.

나는 참으로 감동적이었다.

이렇게 이영무 목사님과 찬양했던 것은 우리 교인들에게도 은혜를 끼치는 일이 되었다.

그 옛날 나는 히트곡 때문에 미쳤던 여자였는데 이제는 예수에게 미친 사람이 된 것이다.

남들은 미쳤다고 해도 우리 주님이 보실 때는 온전한 사람의 모양으로 변해가고 있었고, 주님이 원하시는 제자리로 돌아오는 회복의 과정이라고 생각해야 되지 않을까.

목사님께서는 열심히 믿으려는 내 모습을 참 좋아하셨다.

금요일 철야예배에 나와 간증을 하라고 하시는데 나는 그 말도 처음에는 이해하지 못했다.

"간증이 무엇이지요? 또 어떻게 하는 것인가요?"

그랬더니 예수 믿고 난 뒤 변화된 삶을 증거하는 것이란다.

그 당시에는 밤 12시에서 새벽 4시까지 통행금지가 있었던 때였다. 그래서 밤 11시에 교회에 들어가면 새벽 4시까지는 교회에 있어야 했다. 그 당시 나는 어떤 형편이냐 하면 밤무대에서 화려한 의상을 입은 채였고, 화려한 입체 화장을 한 모습대로 나타나야 하는 것이다.

만약 그 모습으로 교회 철야예배 장소에 들어가면 아마 교인들이 놀라서 자빠지지 않겠는가!

내 모습을 보면 "저 여자가 누구야? 이 밤중에?"라는 인상을 받지 않을까.

물론 간증 후에는 이해하겠지만 말이다.

내 마음은 이질감과 불편함을 느끼면서도 철야예배에 나가 간증을 하기로 결정을 했다.

그런데 분명히 내가 변화되고 있는 것은 사실인데 무엇을 어떻게 조리 있게 말할 자신이 없다.

사실 그때는 예수가 누구인지도 잘 모르는 때였다.

그런데 어떻게 증거를 할 것인가?

그런데도 목사님께서는 찬송가를 부르고 또 삶이 변화된 것을 말하라고 하셨다.

막상 그 시간이 되어서 간증을 하려는데 정신이 얼어붙는 것 같았다. 찬송가를 부르고 성도들이 내 얼굴을 보면서 기다리고 있었다. 나는 정말 무슨 말부터 해야 할지 정신이 하나도 없었다.

그리고 그 순간이 왜 그렇게 나를 무겁게 하는지….

마음을 가다듬고 시작한 말이다.

"나는 교회에 다니면서 왠지 기뻐요. 모든 것이 새롭게 보여요. 내가 사람이 되어 가는 것 같아요. 앞으로 더욱 열심히 교회 다니겠어요."

이 말이 예수님을 만난 사람으로 내 삶을 증거하는 간증의 전부였다. 한마디였을지라도 그 금요철야 예배시간에 나는 내 삶을 처음 증거하는 시간이 되었다. 아무것도 모르는 나였지만, 예수를 증거하는 것은 새로운 삶을 알리는 신호가 되었다.

1975년 11월 13일 YWCA 집회에서

1975년은 연예인 찬양 사역을 본격적으로 시작하는 해가 되었다.

그때 목사님께서 간증하라고 하신 것이 나에게는 결코 우연한 사건이 아니었음을 알게 되었다.

그 모습 그대로, 숨김없이 진솔하

게 주님을 증거했던 것이 바로 나의 진실이었다.

나는 나의 삶이 나의 뜻대로가 아닌 주님의 계획하신 대로 살아가게 되었다는 것을 고백하지 않을 수 없다.

그 후로 내가 주님을 증거하는 증거자가 될 줄을 누가 알았겠는가!

"너희가 그 은혜를 인하여 믿음으로 말미암아 구원을 얻었나니 이것이 너희에게서 난 것이 아니요 하나님의 선물이라 행위에서 난 것이 아니니 이는 누구든지 자랑치 못하게 함이니라 우리는 그의 만드신 바라 그리스도 예수 안에서 선한 일을 위하여 지음을 받은 자니 그 일은 하나님이 전에 예비하사 우리로 그 가운데서 행하게 하려 하심이니라"(에베소서 2:8-10).

13

연예인 교회가 설립되다

어떤 분야든 마찬가지이지만 특히 예술을 하는 사람들이 머리가 좋다. 그리고 예술인들은 일에 대한 집중력과 대단한 열정을 가지고 있다. 일을 할 때는 무척 예민하게 일을 감당하면서 혼신의 힘을 다 쏟는다. 어떤 분야에서든지 이렇게 일을 하면 좋은 결과와 좋은 작품이 만들어질 수 있을 것이다.

연예인들은 예수를 믿는 것도 이처럼 진지하고, 열정적으로 신앙생활을 한다. 그래서 진실로 구원 받은 사람은 주님 안에서 서서히 주님의 작품으로 만들어지는 것을 볼 수 있다. 연예인들의 옛사람의 모습이 변하여 주님이 쓰시는 새 그릇으로 빚어진다는 말이다. 옛사람이 깨어지고, 녹아지고, 더러움이 씻겨지는 것은 성령의 사람으로 새 생명을 얻었다는 증거이다.

모든 것이 새로워졌다. 생각도 언어도 행동도 생활도 취향까지도 변화되기 시작했다. 십자가의 능력이 구원받은 모든 이에게 아름다운 모습으로 주의 자녀임을 증거하게 했다. 이렇게 변화된 삶은 많은 대중들에게 큰 감동을 주며 신앙에 신선한 도전을 주기에 충분했다.

물론 모든 연예인들이 다 그렇게 변하는 것은 아니다. 그러나 초창기 연예인 교회를 설립했던 당시 우리 멤버들은 주님의 그런 작품들이라고 생각한다. 왜냐하면 당시 개척 멤버들 중에서 주의 종들이 많이 배출되었던 것이 이를 증명하고 있다.

연예인 교회 출신으로 주의 종이 된 분 중에 고 곽규석 목사님, 그분이 주께로 돌아오게 되었던 사연은 그 당시 사람이면 모두다 아는 사연일 것이다. 또 그분의 신실하셨던 신앙생활은 감동적이라 할 만큼 후배 연예인들에게 많은 귀감을 주셨다.

현재 LA에서 코너스톤 침례교회를 시무하시는 이종용 목사님도 계시다.

그분은 크리스천 문화 사역을 주님의 뜻 안에서 아름답게 감당하시는 분이다.

또 그 교회에서 함께 사역하셨던 김희숙 전도사님이 있다. 과거에 코미디언으로 한국 사람들에게 많은 즐거움을 주었던 기억에 남는 연예인이다.

또 한국에서 힘있게 목회 사역을 펼치고 있는 최성욱 목사님, 지금은 서울에서 크게 목회를 하시고 있다.

그리고 문화 사역을 하시던 전아 목사님, 인도에서 선교사로 사역하던 김유선 선교사님, 여자의 몸으로 어려운 현지 선교를 감당하느라 젊음과 건강을 바쳐 사역했는데, 학원 사역과 고아 사역에 혼신을 다하여 선교했던 연예인 선교사다.

그리고 연예인 가족으로 함께 신앙생활을 하면서 교회를 섬겼던 분이 있다. 연예인들이 모든 것을 다 할 수 있는 것은 아니다. 교회 행정과 행사 기획과 진행과 관리와 같은 것은 연예인들이 하지 못한다. 선교를 위한 문화 행사를 기획하고 구체적으로 사역을 하도록 뒤에서 섬기는 일도 무척 중요하다.

뒤에서 이런 모든 일들을 감당한 분이 계신데 바로 나의 남편 오승일 목사님이다. 남편은 교회의 숨은 사역을 위해 시간과 물질을 드리며 봉사하였다.

또 남편은 극동 방송의 간판 프로였던 '하나 되게 하소서'라는 프로를 개설하여 자비량으로 제작, 극동방송에 제공하여 방송하게 했다. 이렇게 방송 선교를 위해서도 자비량으로 적극 후원했던 주의 종이다.

남편이 제작하던 극동의 "하나되게 하소서" 방송 중에

이렇게 주의 일에 헌신하던 남편은 주님의 소명을 받고 주의 종이 되었던 것이다. 이처럼 주님을 향한 뜨거운 열정과 진실한 신앙심과 천국을 향한 비전을 가졌던 연예인들이 그 마음이 감동하여 그 옛날 연예인 교회를 설립하게 되었던 것이다. 물론 처음에는 갖가지 비판도 받았고 따갑고 날카로운 눈초리도 받았다.

그것은 다는 아니지만 연예인들의 무질서한 사생활, 신용이 땅에 떨어져 버린 냄새나는 뒷생활 때문이다.

이런 세상 사람들의 고정된 인식이 성도가 된 우리에게도 꼬리표처럼 붙어 있는 것이다.

"연예인들 저희들 끼리 끼리 모여서 무엇 하겠다는 거야?"

"뭐! 딴따라들이 무얼 한데?"

이런 식으로 도매금으로 몰아가는 것이 참으로 안타깝게 생각되었다. 하지만 그런 눈초리도 당연하다고 생각했다.

우리 신앙의 정도를 그들에게 보여 줄 수 있는 것이 아니지 않은가. 우리들의 변해가는 모습을 인정받기에는 긴 시간이 필요했기 때문이다. 그 당시에는 언제 변할지 모르는 불안정한 신앙들이었으니까 말이다.

그러나 긍정적인 눈길로 바라보는 분들은 연예인들의 교회 설립을 적극적으로 도와주었다.

연예인 교회 설립이 이루어진 것은 분명한 선교에 대한 비전, 하나님의 위대한 뜻이 있었던 것이다. 하나님께서 대중 연예인들을 통해서 대중에게 복음을 전해야 하는 하나님의 분명한 계획이 있었다. 사실 많은 대중들이 전도되어 주께로 돌아오는 것을 눈으로 확인할 수 있듯이, 다양한 연예인 사역자들이 많은 일을 감당했던 것이다.

또한 연예인들의 입장에서 본다면, 연예인 교회 설립은 연예인들만의 생활 문화와 감정의 공감대를 이룰 수 있으며, 심령에서 뜨겁게 타오르는 주님 사랑과 영혼구원에 대한 열정을 세상을 향해 발산할 수 있게 하는 것이다.

그 당시 모인 연예인들은 각기 자기들의 교회가 있었다.

그러나 그냥 교인으로 교회 다닐 따름이지 어떤 봉사나 문화 사역에 동참할 기회가 없었다. 여기에는 여러 가지 이유가 있었다.

연예인들과 일반인들과는 우선 생활이 다르다. 하루 시간을 사용하는 데도 차이가 있었고, 일반인들과 다른 언어생활이 있었다.

요즘도 연예계에서 사용하는 언어들이 있을 것이다. 이렇게 문화에 대한 이해도 달랐고, 그에 따른 생활 방식과 사고도 달랐던 것이다.

그래서 일반인들이 생각하기에 이해하지 못하는 다른 생활들이 있기에 어느 때는 오해를 받기도 하고 이상한 취급을 받기도 했다. 일반인들의 넓은 이해가 필요했던 그런 생활이다.

연예인 교회 찬양 선교 행사

그리고 일반인들의 생활과는 쉽게 융화를 이룰 수 없는 생활 때문이다. 별처럼 반짝거리는 생활을 하는 스타들이었기 때문이다.

그래서 연예인들은 같은 문화 속에서 자연스럽게 주님을 사랑하며 섬기기를 원했다. 연예인들 간에 서로 이해하고 소화하는 사역의 여건과 분위기를 만들기를 원했으며 지금까지 세상이 생각지 못했던 문화 사역으로 전도하기를 원했던 것이다.

그것을 위해서 연예인 교회가 설립되어야 한다고 생각했으며, 연예인들의 달란트를 사용해서 대중에게 복음을 전하는 것이 하나님의 뜻이었다고 생각했다. 그래서 눈앞에 있는 선교 현실을 바라보면서 자연스럽게 개척에 마음을 모았던 것이다.

나의 경우는 서대문에 위치한 충정교회에 다니고 있었지만 봉사나 어떤 사역에 동참할 수 없었다. 하기 싫어서가 아니라 봉사할 시간이 내 시간과 맞지 않았고, 또 내가 할 일이 없었다고 생각했다. 그것은 내가 변화되지 못한 상태였기도 하지만, 교회 봉사에 대한 열린 마음이 없었기 때문이다.

또한 성숙하지 못한 내 신앙이 문제였고, 일반인들과의 교제가 불편했기 때문이다.

그 당시는 TV 활동 때문에 행동에 신경을 쓰고 인기 관리를 위해 항상 나를 관리하고 있었다. 그런데 나를 보는 교인들의 시각이 나로 하여금 교회 생활에 불편을 느끼게 했던 것이다. 그래서 나도 자연스럽게 연예인 교회 개척에 한 몫을 하기로 했다. 그리고 충정교회 목사님을 찾아가 상담을 청하여 말씀드렸다.

앞으로 연예인 교회의 사명과 주님 사역에 대한 비전을 말씀해 드렸다. 목사님은 놀라시면서 다시 생각해 보라고 하셨지만 실상 내 마음은 떠나기로 이미 결정된 상태였다.

왜냐하면 벌써 일 년가량 연예계 동료들과 성경 공부로 이미 하나가 되어 버렸던 것이다. 이런 상황에서 이미 교회 개척을 위한 나의 마음은 돌이킬 수 없게 되었다. 결국 목사님께서는 연예인들의 폭넓은 선교 사역을 위해 파송하는 마음으로 보내신다고 하셨다. 그리고 기도해 주시며 나를 편하게 보내주셨다.

이렇게 해서 연예인들이 각기 다니던 교회에서 파송을 받듯이 한 사람 두 사람 모이게 되었다. 그리고 연예인 교회 설립을 위해서 본격적으로 기도하고 준비를 시작했던 것이다. 우리를 지도하시던 하용조 전도사님은 개척 이후 얼마 있다 목사 안수를 받게 되었다.

그래서 하용조 목사님께서 연예인 교회에서 담임 목사로 본격적인 사역을 시작하셨던 것이다.

복음과 구원의 산실, 연예인들의 문화 사역의 전진 기지가 된 연예인 교회가 드디어 1976년 3월 7일, 사회의 이목과 많은 기독교계의 관심과 후원 속에서 이 땅에 하나님의 교회로 태어나게 되었다. 연예인 교회의 소속은 예수교 장로회, 통합, 서울 노회 소속으로 등록이 되었다.

개척 당시 교인들은 순수한 연예인들과 연예인의 가족들로 개척 멤버가 되었고, 이렇게 세워진 연예인 교회는 주님의 마지막 지상 명령인 영혼 구원과 세계 선교를 감당하는 교회로서 최초로 한국 기독교의 문화를 정착시키는 역할과 사명을 다했다.

연예인 교회는 기독교 문화의 가치와 그 수준을 높이는 일에 갖가지 은사를 동원했고, 급변하는 세상 문화 속에서 성도들의 신앙이 변질되지 않도록 돕는 역할을 다했다.

성극이라던가 뮤지컬 또는 복음 성가를 통해서 많은 영혼을 깨우며 수많은 성도들의 위로가 되었고, 구원 받게 하는 사역에 힘썼다.

은혜를 체험한 우리 교우들은 총동원하여 세상의 구원을 위해 많은 일을 했으며, 이 문화 사역을 통해서 한국 기독교사에 새로운 큰 장을 여는 하나님의 교회로 우뚝 서게 되었다.

드디어 연예인 교회는 세상에 떠 있는 구원의 방주 교회가 되었던 것이다.

"또 내가 네게 이르노니 너는 베드로라 내가 이 반석 위에 내 교회를 세우리니 음부의 권세가 이기지 못하리라"(마태복음 16:18).

14

찬양 사역이 시작되다

연예인 교회가 설립되고 나니 연예인들의 유명세를 타고 전국적으로 소문이 퍼져나가기 시작했다. 교계는 물론이지만 그 당시 세상 방송가에서도 특종 기삿거리가 된 것이다. 당시 고 곽규석 목사님의 사업 실패 사건은 세상 사람들의 귀와 입을 요동치게 했던 큰 사건이었다. 그런데 그분이 예수 믿게 되었다는 것이 또한 대중들에게는 눈을 크게 뜨게 만든 큰 뉴스감이 되었던 것이다.

또한 인기 스타들이 모여 교회를 세웠다는 사건은 세상을 향해 불어 닥친 회오리바람 같은 큰 충격이었다. 한편 종교계를 향해서는 하나님의 역사를 바라보게 하는 신선한 기대와 도전이 되었다.

성령의 바람이 연예인 교회 설립을 통해서 한국에 새 선교의 장을 열게 했다.

연예인들이 단체로 방송에 출연해서 교회 개척에 대한 대담을 나누고, 각각 방송이나 신문사의 인터뷰를 통해서 알리기도 했다.

이렇게 연예인 교회가 갑자기 세상에 떠올라 세상의 관심을 움직이기 시작했다.

또 연예인 교회를 사역하시는 하용조 목사님은 하루아침에 유명스타가 되어 유명세를 타게 되었다. 이렇듯 한국 사회에 다양하고 놀라운 뉴스를 뿌리고 대중들의 시선을 받으며 탄생한 연예인 교회!

연예인 교회로 인하여 교파를 초월하여 모든 교회들이 성령의 역사를 바라보는 촉진제가 되었다. 한국의 수많은 교회들이 초교파적으로 "연예인 초청 집회"를 만들어 초청하기 시작했다. 그 당시는 한국에는 폭발적인 성령의 역사가 일어나고 있을 때였다. 한국의 복음화를 위해 성령이 역사하시는 시간에 연예인 교회가 때맞추어 설립된 것이다.

나는 이 사건을 하나님이 한국을 사랑하시는 증거라고 생각한다. 하나님의 구원의 역사를 위해 연예인들의 달란트가 이렇게 사용되었을 줄 누가 생각했으랴!

교회를 개척하고 난 후 우리는 우리들의 달란트를 이용하여 세상에 올려질 문화 사역을 계획하고 있었다. 그래서 전국적으로 초교파적인 강사들이 되어 각각 흩어져 복음 사역을 하게 되었다.

개척 초창기에는 거의 나 혼자 집회를 감당할 정도로 가수가 몇명 없었다. 가야 할 교회는 많고 사람이 없기 때문에 나는 동료들을 전도하였다. 그때 전도한 연예인들이 지금은 권사들도 있고 사모님도 있다. 그리고 계속 찬양 사역자가 되어서 지금까지 활동하는 사람도 있다.

내가 예수 믿은 것은 내 인생에 대단한 개혁의 사건이었다.

그래서 항상 내 마음은 '어떻게 하면 나를 인하여 주님이 기뻐하실까?'라는 마음으로 뜨거워져 있었던 것이다. 이런 마음 때문에 밤무대 출연할 시간 사이사이에 집회를 위해 교회를 찾아다니면서 찬양을 했던 것이다.

문제는 그 밤 시간에 밤무대와 교회를 번갈아 다니면서 어떻게 감당할 수 있느냐 하는 것이다. 당시 내가 출연하던 밤무대는 주로 명동과 충무로, 무교동 등 중심지 속에 모여 있었다. 그런데 그 중간 사이를 짬을 내어 집회를 위해 교회를 찾아다니는 일은 그리 쉽지 않았다. 왜냐하면 교회는 서울 전체에 흩어져 있기 때문이다.

나의 운전기사가 밤무대가 아닌 교회를 찾아 가는 일이 얼마나 내 마음을 졸이게 했는지 모른다.

나도, 또 나의 기사도 우체부가 아니기 때문이다. 그때는 요즘처럼 내비게이션이 없기 때문에 교회 주소를 찾는 일이 결코 쉽지 않았다. 구석진 교회를 찾는 것보다 서울에 김 서방 찾기가 더 쉬웠을 것이다. 그래서 우체부들을 보면 참으로 감사하고 귀하게 느꼈던 때도 있었다. 그렇게 찾아다니는 일이 보통 힘든 일이 아니었고, 내 출연 시간에도 적지 않은 지장을 주게 되었다.

그리고 교회를 찾아가면 집회가 이미 진행되고 있었다.

나는 밤무대 출연을 위해 또다시 가야 하므로 강대상에 계신 담임 목사님에게 쪽지를 올려 보낸다. 순서를 조정해 달라는 부탁이었다. 그리고 찬양이 끝나면 나는 곧바로 차를 타고 밤무대로 향하는 이중생활을 했다. 교회에서는 찬양 집회를 정해 놓고 광고가 되어 있기 때문에 집회가 진행되는 중에도 방은미가 속히 나타나 기를 기다리고 있었다는 것이다.

이렇게 교회를 찾으면 나는 무대에 출연하듯 교회로 들어간다. 그런데 문제는 교회만 들어가면 나는 이방인이 되는 것 같은 느낌 이 들었다. 왜냐하면 내가 입고 있던 화려한 의상과 요란한 내 모 습 때문이다.

짙은 화장과 액세서리 요란한 헤어스타일과 높은 구두 등 이런 모습을 하고 뒤늦게 교회 문을 열고 안으로 들어가면 모든 사람의 시선이 다 나를 향하게 되는 것이다. 그리고 겉옷을 벗고 나면 화 려하게 노출된 야한 의상이 그대로 나타난다. 그 모습이 교인들에 게 때 아닌 신나는 눈요깃거리가 되었을 것이다.

그리고 무대에서 노래하듯 찬송가 또는 가스펠을 부른다.

그런 나를 바라보는 교인들의 눈빛은 은혜를 받는다기보다 신 나게 나를 바라보고 즐기는 것이다. '볼만한 것이 왔구나' 하는 식 으로 바라보는 것을 느낄 때 나는 순간적으로 동물원의 원숭이가 된 것 같은 느낌이 들기도 했다.

그러나 어쩔 수 없는 상황이지 않는가!

난 그런 분위기를 의식하지 않으려고 당당하게 걸어 들어가고 나오고 했던 것이다. 어떻게 생각하면 '여기 방은미가 왔습니다' 라는 식으로 스타 기질을 발휘했다고나 할까?

생각하면 나의 이런 모습이 참 부끄럽고 얼마나 집회를 방해했 었는가를 그 후에 깨닫게 되었다.

이것은 나의 믿음 없었던 초장기 찬양 사역의 모습이었다.

이렇게 하여 내 인생에서 찬양 사역은 시작되었다. 나뿐만이 아니라 탤런트, 배우, 코미디언, 성우, 가수 등 각 분야에 종사하던 연예인들이 각각 흩어져서 간증 사역과 찬양 사역을 분주하게 감당하게 되었던 것이다.

그런데 역시 세상과 교계의 반응은 두 가지였다.

긍정적 반응과 부정적 반응으로 연예인들을 바라보는 것이었다.

우리들은 완전히 대중과 교계에서 우리를 향한 관심의 도마 위에 올려진 생선처럼, 어느 때는 깊은 상처의 칼질을 당하기도 하고, 때론 좋은 인상과 기대를 제공하기도 했다.

한편 예수 믿는다고 간증을 했던 사람이 어느 날 갑자기 불교 모임에 나타났다든가, 또는 완전 세상으로 돌아가 버리는 일도 있었다.

또 어떤 연예인들이 이혼을 하게 되었다던가, 또는 불미스런 사건에 말려 있었다 하면 지금 열심히 믿는 사람까지도 도매금으로 그런 취급을 받기도 했다.

찬양과 간증 집회

어떤 연예인은 집회를 약속해 놓고 무책임하게 약속을 깨는 일도 허다했다. 그러나 교회에서는 집회를 약속하면 광고지를 만들어 붙이고 전단지를 뿌리는 등 많은 물질과 힘을 들여 준비한다.

그런데 돌연 이런 일이 생기면 "그것

봐! 연예인들은 믿을 수가 없어. 얼마나 갈려고!"라든지 또는 집회하는 것이 아니라 연기를 하려는 것이라는 등 말이 많았다.

연예인들이 변화되기 전, 초창기 때 훈련되지 못하여 실수했던 이런 사연들이 많이 있었다.

물론 비판 받을 원인은 우리들이 제공했었다. 그러나 세상과 교회들은 처음 믿음의 걸음을 막 떼기 시작한 연예인들을 너무나 비판적이고 냉소적인 눈초리로 바라보고 있었다.

연예인이라는 대명사 때문에 당하는 고통은 세상이 이해하지 못하는 일들이었다. 어떤 때는 연예인들의 신앙을 잔인하리만큼 싸잡아 내동댕이치는 사람들도 있었다.

요즘으로 말하면 악플이라고나 할까?

그때나 지금이나 악한 생각으로 길들여진 사람은 세상에 널려 있는 것을 알 수 있다. 그래서 예수 믿는 우리들이 먼저 변해야 하지 않을까? 그리하여 세상에게 작은 것 하나라도 악플거리를 제공하지 말아야 한다고 생각한다.

어찌되었든 세상은 무섭고 날카로운 이빨을 드러내고 언제든지 씹을 준비가 되어 있었다.

정죄하지 말고 좀 예쁘게 봐줄 수는 없었는가!

이제 갓 태어난 주의 자녀들이 자라기까지는 시간이 필요했다. 기대를 가지고 인내하면서 기다려 주었으면 얼마나 좋았으랴.

이렇게 부끄럽고 허물 많았던 때에 돈이 생기는 일이 아니기 때문에 교회의 요청을 거절하기도 했다. 내 경우는 처음에 교회 일이 너무 많아지니까 밤무대 활동에 많은 지장이 생겼던 것이다.

우리 연예인 교회는 성경 공부로 시작된 교회였다.

성경 공부하면서 은혜 가운데 주의 일을 감당했던 것이다. 이것은 주님께서 우리들에게 주신 특별한 은혜였으며 큰 복이었다.

그래서 "주여 내가 여기 있나이다"라고 하며 주님을 위해 항상 헌신된 마음이 있어야 한다는 것을 알고 있었다.

주님의 일을 위해서라면 모든 것을 헌신해야 한다는 것을 배웠다. 그래서 교회의 초정을 거절하는 것은 주님 앞에 불순종이라는 것을 깨달았다.

그 후부터 집회 요청에는 최선을 다해 순종했다. 오히려 내 일을 손해 보면서까지 집회 일정을 불평 없이 조심스럽게 감당했었다.

이렇게 믿음 없는 연예인들이 사역이라는 타이틀 앞에서 조금씩 훈련되어 갔다. 많은 사람들의 사랑도 받았지만 따가운 시선도 받아가며 때로는 실수하기도 했다. 그러는 중에 깨어지고 부서지며, 쓰러지기도 하고 또 일어서며 조금씩 성장해 나갔다. 우리들은 서로 위로하고 도와주며 주의 일을 위해서 서로 협력하였다. 부족한 모습 그대로 어떤 소리가 우리를 아프게 해도 주님만 바라보고 꾸준히 일했던 것이다.

이렇게 연예인들은 한 걸음 한 걸음 걸음마를 걸으면서 주의 일꾼들이 되어가고 있었다.

연예인 교회는 전도와 선교의 특별한 사명을 위하여 세워진 하나님의 교회였다. 그래서 주님께서 우리들 한 사람 한 사람을 친히 말씀으로 훈련시키셨음을 알게 되었다.

명예와 돈을 위해 삶을 바쳐왔던 연예인들이 모든 것을 배설물과 같이 버리고 주의 종으로 헌신한다는 것은 인간적인 계산으로는 불가능한 희생적인 결단이었다. 정말 가치 없는 인생을 살던 사람들을 주님의 도구가 되도록 만드셨다.

주의 종들이 되도록 성령께서 친히 빚으시고 훈련시키신 것이다. 주님께서는 이런 우리들을 바라보시고 얼마나 기뻐하셨을까.

연예인 교회를 세우시고, 미련한 것들을 주의 종으로 만드시고, 주님의 뜻을 위해 모든 것을 아름답게 이루어 가신 주님께 감사하며 찬송과 영광을 올려드린다.

"그러나 하나님께서는 세상의 미련한 것들을 택하사 지혜 있는 자들을 부끄럽게 하려 하시고 세상의 약한 것들을 택하사 강한 것들을 부끄럽게 하려 하시며 하나님께서 세상의 천한 것들과 멸시받는 것들과 없는 것들을 택하사 있는 것들을 폐하려 하시나니 이는 아무 육체라도 하나님 앞에서 자랑하지 못하게 하려 하심이라"(고린도전서 1:27-29).

15

총 천연색 찬양대

초창기 연예인 교회의 예배는 참으로 화려했다.

요즘 말로 표현하면 Open Worship 형식인데, 어느 교회도 따라 할 수 없을 정도로 아름다운 예배였다.

모든 교회들이 전통적인 예배 형식에 길들여져 있었다. 그러나 우리는 전통적 예배형식에서 벗어나 음악 축제와 같은 예배 형식 이었다.

찬양이 뜨거웠고 은혜스러웠다. 그래서 교계의 많은 인사들의 방문도 잇달았고 좋은 반응과 칭찬도 있었다. 반면에 예배 스타일 을 걱정스럽게 비평하는 사람들도 있었다.

그러나 연예인 교회는 우리들 모습 그대로 예배를 드렸다.

목사님의 설교 시간을 제외하곤 그 외의 순서는 열린 마음으로 하늘의 평화가 내리는 것 같은 은혜 가운데 예배를 드렸다.

찬양대 순서는 연예인 교회를 흉내 낼 교회가 없을 정도로 특별한 순서였다. 주로 가수들로 구성되었고, 노래하는 것으로 말하면 한가락 하는 사람들로 모여 있었다. 어떤 곡을 불러도 불편이 없는 사람들, 전에 찬양대 봉사 경험이 있는 자들도 있었고, 나처럼 찬양대 경험이 없는 사람도 있었다.

이렇게 함께 모여 찬양을 했었는데 모두가 자기만의 색깔 있는 음색을 가지고 있었다. 일반적으로 생각하면 절대 찬양의 조화를 이룰 수 없을 것처럼 생각할 수 있다. 굵은 음색, 가는 음색, 강한 음색, 약한 음색, 또 튀는 음색은 소위 허스키한 음색들이다. 그리고 바이브레이션도 각양각색으로 정말 총 천연색이었다.

게다가 거의 대부분이 솔로 가수들이라 강력한 가창력의 자기 노래 스타일을 갖고 있었다.

그 스타일을 어디 숨길 수 있겠는가?

좀 심하게 말하면 솔로들의 대집합이라고 말할 수 있었다.

기성 성가대라면 이런 상태로는 절대로 찬양대가 이루어질 수 없다. 내노라 하는 사람들로 모인 찬양대이니 어쩔 수 없는 것이다.

그러나 하나님은 찬양 가운데 계시고 찬양을 받기 원하시는 분이시다. 하나님이 받으시는 찬양은 어떤 틀이나 모양이 있는 것이 아니다. 음치라도 괜찮다.

어떤 상태라도 찬양자의 중심에 계신 주님에 대한 사랑과 열정과 감사와 고백을 받으시는 것이다.

찬양대의 찬양은 한 사람의 소리처럼 개인의 목소리가 튀어나지 않아야 한다. 찬양대는 서로 소리를 조절하여 부르도록 훈련하는 것이다.

그러나 연예인 교회 찬양단은 절대 자기 소리를 조절할 수 없는 상태의 사람들이다. 모두들 자기의 재능에 대해서 절대적으로 생각하는 사람들이기 때문이다. 그래서 찬양대를 위해서 자기의 소리를 조절한다는 것은 불가능한 상황이었다.

그런데 신기하고 감사한 것은 서로 독특한 소리를 내면서도 멋진 조화를 이루었다는 것이다. 그것은 워낙 자기 분야에는 전문가들이기 때문에 곡을 받으면 소화를 잘 시킨다. 찬양을 할 때 모두 은혜받은 감동으로 찬양하기 때문에 색다른 영적인 조화가 이루어지는 것이다. 결국 감격하는 마음이 은혜의 조화를 만들어 찬양하게 하는 것이었다.

어느 때는 4부 찬양보다 더 화려한 화음으로 아름다운 찬양을 드릴 때도 있었고, 단음 찬양을 하면서도 멋진 애드리브로 기가 막힌 찬양을 만들어 드릴 때도 있었다.

상상을 초월하여 멋지고 아름다운 작품을 만들어내는 찬양대였다. 왜 그렇게 찬양이 잘되는 것인지!

(구)연예인 교회 찬양대 행사 중

이것은 분명히 성령님께서 모두에게 주신 은사를 최대한 활용하시어 연주하신 것이라 생각한다.

아름다운 하모니와 사랑과 열정과 감격이 흐르는 특별한 찬양의 향연!

우리들은 이런 아름다운 찬양이 너무 좋아서 모이면 더 찬양하고 연습하였다.

그리하여 연예인 교회 찬양대는 어느 교회도 따라 할 수 없는 특별한 찬양대가 되었다.

어떤 모임을 하더라도 찬양하는 일이 생활화되면서 우리 교우들은 찬양으로 똘똘 뭉치게 되었다.

이렇게 찬양하는 가운데 교인들의 마음속에서 주님을 향한 뜨거운 사랑이 넘치게 되었다. 그러면서 우리의 달란트를 사용하여 기독교의 새로운 문화의 장을 열자라는 생각으로 그래서 기도하고 또 기도하고 만들어진 것이 있었다.

바로 "새롭게 하소서"라고 하는 찬양과 성극의 축제를 만들게 되었다. 예수 믿고 변화를 받아 새로워진 것을 감사하며 올린 첫 작품이었다.

"그런즉 누구든지 그리스도 안에 있으면 새로운 피조물이라 이전 것은 지나갔으니 보라 새것이 되었도다"(고린도후서 5:17).

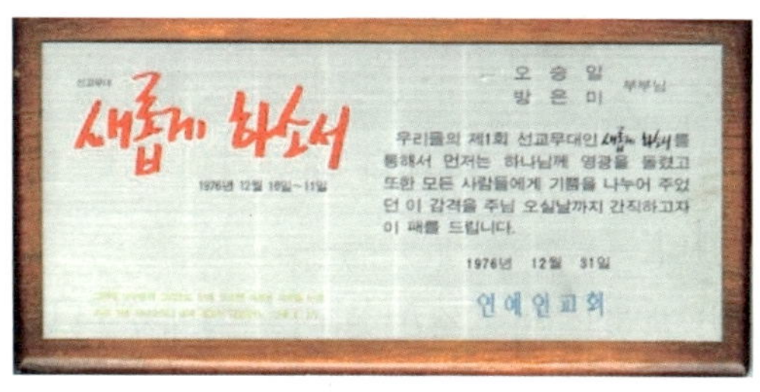

그 당시에는 기독교 문화 행사가 거의 없을 때라서 한국에서는 처음으로 올려지는 찬양 축제행사였다. 그 축제는 일대 선풍을 일으키며 성령의 새바람을 불게 했던 성령축제였다.

1976년 12월 초에 이화여대 강당에서 열린 이틀간의 행사였는데, 티켓이 매진되어 큰 혼란을 빚기도 했었다.

한국의 기독교인 일류 스타들의 총 출연이었다.

어디 일류 스타들을 한꺼번에 볼 수 있는 기회가 그렇게 쉬운 일이겠는가. 더욱이 예수 믿는 스타들의 총 출동이니 당연히 티켓이 매진될 수밖에 없었다.

"누가 예수 믿는데? 어머 어머 저 사람도 예수 믿네!"

이렇게 "새롭게 하소서"라는 선교 공연은 대단한 관람객 기록을 남기게 되었다. 물론 연예인 교회의 이미지도 서서히 격상하게 되었다.

이런 기독교 문화 행사는 역시 연예인 교회이니까 할 수 있다고 각계각층에서 칭찬하기에 이르렀다. 또 각 매스컴에서는 열심히 홍보와 아울러 극찬의 기사들을 아끼지 않았다.

이 공연을 시작으로 연예인 교회의 사명이 무엇인지 깨닫고 사명 감당을 위해서 폭넓은 활동을 했다. 크고 작은 집회나 선교 대회에 간증과 찬양으로 동참하였는데, 대표적인 행사로 여의도 광장에서 개최했던 77 민족 복음화 대성회에 우리 교회 성도들이 큰 몫을 감당했다.

그 후 연예인 교회는 숫자적 부흥으로 인해서 아세아 연합 신학원에서 이대 다락방 교회로 이전하게 되었다. 연예인뿐만 아니라 일반 교인들도 점점 늘어나 교회가 부흥하게 되었다. 그래서 기도

하는 중에 교인들이 예배당이 절실히 필요함을 느끼게 되었다.

교회 건축에 대한 생각으로 공감대가 이루어졌는데, 그것은 건축 헌금 모금으로 영화를 제작하자는 의견이 나온 것이다.

당시 연예인 교회 제직으로는 곽규석, 구봉서, 신영균, 곽정환 이렇게 네 분 집사님이셨다. 네 분의 기도와 수고로 앞장서서 영화 제작 계획을 세우기 시작하였다.

드디어 제작할 영화는 신영균 장로님이 주연을 맡게 된 주기철 목사님의 순교적 생애를 그린 〈저 높은 곳을 향하여〉였다.

제작과 감독은 고 곽정환 장로님이 맡아 수고하셨고, 출연진은 연예인 교회의 전 성도들이 출연했다. 주연에서 엑스트라에 이르기까지 총 출연하였다.

물론 모든 출연진들이 그 바쁜 스케줄 속에서도 한마음으로 출연료 없이 출연하였다. 출연료는 건축을 위한 헌금으로 생각하면서 말이다.

또 출연하지 않는 성도들은 금식과 철야 기도로 도왔다.

촬영할 때는 음식과 차를 제공하기도 했다. 또 시간이 있을 때는 전국의 교회를 다니며 홍보에 최선을 다했다.

나는 주기철 목사님의 순교하시는 장면에 무반주로 "주 하나님 지으신 모든 세계"를 찬양했는데, 그것은 제작자이신 고 곽정환 장로님의 특별한 요청으로 그 곡을 부르게 되었던 것이다.

연예인 교회의 교인들이 총동원된 작품으로 소문난 이 영화는 첫 회부터 연속 매진을 이어갔다. 그리고 우리 연예인 교우들이 상영하기 전에 극장에 나와 간증과 찬양을 하기도 했다.

이렇게 티켓은 매회마다 매진되었고, 티켓을 사려는 관중들의 무리가 길을 메우는 모습이 우리 연예인 교회의 건축 헌금을 쌓아 주는 것 같았다.

전국적으로 이 영화는 극장마다 장사진을 이루는 대성황을 이루었다. 그리고 그 수익금으로 연예인 교회는 건축에 들어갔는데 주님을 사랑하고 구원받은 은혜에 감사하여 뜨거운 마음과 정성을 드려 모두 동참했다.

〈저 높은 곳을 향하여〉라는 영화는 전 교인이 그렇게 기도와 눈물로 제작한 하나님의 작품이었다.

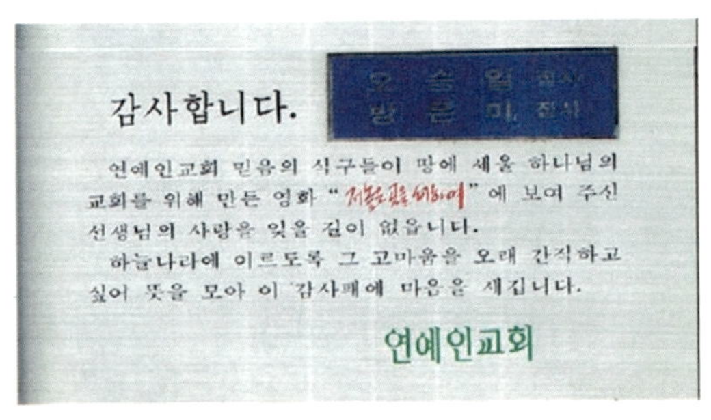

그리고 내가 미국 들어오기 전에 마지막으로 출연했던 작품이 있었는데, 그것은 얼마 동안의 공백이 있은 후 올려진 작품이었다.

그때 제작하여 올린 작품은 〈타오르게 하소서〉였다.

주님께 우리의 삶을 헌신하여 거룩한 산제사로 드리는 영적 의미를 담은 작품이었다. 이 작품 역시 성극과 창작 음악 연주와 찬양과 율동의 조화를 이룬 작품이었다. 이 작품은 문화 체육관에서 올려졌는데 역시 대장사진을 이루었다.

이밖에도 작은 작품들을 했었는데 대형, 소형 작품이 올려질 때마다 엄청난 경비가 소모되었다. 이 모든 경비는 우리들의 정성어린 헌금, 연예인 교회가 모두 감당하게 되었다.

선교적 사명을 가지고 그 사명을 감당하였던 연예인 교회, 이러한 찬양과 성극의 문화 사역을 통해서 수많은 주의 백성들이 주께로 돌아오는 역사가 있었다. 그리고 연예인 교회의 초창기 사역은 많은 생명을 낳게 하는 생명 사역이었으며, 확실한 주님의 구원 사역을 이루어 드리는 능력사역이 되었다.

(시편 149:3).

연예인 교회는 한국의 교계에 영적인 새로운 도전과 시대적인 문화 사역으로 영향을 주었던 교회였다. 보수적인 목사님들과 교회들은 연예인 교회의 사역 자체를 인정하지 않으려 하는 경향이 있었다. 이렇게 활동하는 연예인들을 속된 말로 "교회에서 딴따라?" 짓을 한다고 비판하는 분들도 있었다. 그러나 우리가 받은 구원의 감격은 구원받지 못한 뭇 영혼들을 향한 구원 사역으로 계속 이어졌다.

연예인 교회가 문화 사역을 통해 예수를 전하는 일은 누구도 비판할 수 없고 비판해서도 안 되는 일이었다. 비록 우리가 비판받는 것은 주님의 일꾼으로서 아직 믿음의 뒷받침이 없고, 자격도 부족하다는 것과 모든 것에 미성숙한 상태라는 것을 인정하고 고백한다. 말과 행동에서, 또는 본이 되지 못하는 생활이라든가, 불균형한 신앙생활을 했던 그 모습을 인정한다.

그러나 우리가 사역할 때 "딴따라"라는 딱지를 붙여 놓고 대하는 것이 참 마음이 불편했었다. 하나님의 자녀라는 사람들이 남의 신앙을 잣대질하며 비판하는 것은 하나님께 죄를 짓는 일이다.

자기 신앙을 절대적인 것으로 주장하면서 구원받은 연예인 사역자들을 함부로 비판하는 것은 신앙의 바른 태도가 아니다. 실수가 많아도 연예인들을 들어 사용하시는 하나님의 계획을 영적인 시각으로 보아야 했다.

그 후 연예인 교회 남전도회가 발족되면서 기념 공연을 가졌다. 그것은 오늘날 세상을 살아가는 사람들을 향해 외치는 회개의 메시지를 담은 찬양과 성극이었다.

성극 "타오르게 하소서" 한 장면

이 작품의 이름은 〈니느웨 사람들〉이었다.

우리는 하나님의 뜻을 잘 모른다. 그러나 분명히 성령의 역사가 일어나는 것을 영적인 시각으로 바라볼 수 있는 영적감각이 있어야 한다.

나는 이해할 수 없다 해도 그 배후에서 역사하시는 하나님의 계획과 뜻을 생각해야 한다. 남의 신앙이 내 신앙과 다르다고 함부로 비판하지 말아야 한다. 나와 다른 그것이 잘못된 것이면 잘되기를 기도해 주어야 한다. 그래서 오히려 잘될 때까지 기다려 주어야 하지 않겠는가!

연예인들도 언젠가는 변할 테니까 말이다.

농부가 결실의 때를 기다림같이, 토기장이가 그릇으로 다 빚어 구을 때까지는 시간이 필요하듯이, 우리 연예인들이 신앙의 그릇이 되고, 결실을 맺도록 기다려주어야 한다고 생각한다.

예수님은 허물 많은 내가 주의 성도가 되도록 기다려 주셨다.

이 예수님의 기다림의 은혜가 오늘날 탬파에서 교회를 섬기는 주의 종이 되게 하셨던 것이다.

그러므로 연예인 교회가 한국 땅에 세워진 것은 너무나 감사한 일이고, 연예인 교회에서 배출된 주님의 사역자들이 오늘도 세계 각 곳에 흩어져 사역한다는 것을 생각할 때 모든 영광을 하나님께 돌리지 않을 수 없는 것이다.

이제는 (구)연예인 교회가 하나님의 특별한 뜻으로 세워졌다는 사실을 모든 교회가 인정하고 있다. 비록 남들의 비판을 받던 총천연색 찬양대의 찬양이었지만, 한국 교회 역사에 새로운 문화의 장을 열었다는 것을 생각할 때 매우 감격스러운 일이 아닐 수 없다.

모든 것을 이루신 주님을 찬양하고 또 찬양한다.

할렐루야!

16

미움이란 무엇인가

연예인들이 교회를 설립하고 함께 예배를 드리며 신앙생활을 같이하는 것은 참 행복한 생활이었다. 매 주일이 기다려졌고 예배 후 친교 시간이 너무 즐거웠다. 사회에서는 대부분이 자기분야의 동료들과 교제를 하므로 다른 분야의 사람들과는 교제가 잘 이루어지지 않는 것을 볼 수 있다.

우리 교회는 유명한 연예인들, 또 일반 연예인들이 함께 어울려야 하는 분위기였다. 그런데 믿음이 연약한 지체들이어서 약간의 다툼도 있었고 불협화음이 일어나기도 했다.

교회는 이래서는 안 되는데 세상 사람들과 다른 것이 무엇인가? 왜 이럴까? 후일 알게 되었지만 이런 모습이 변화되지 못한 미성숙한 상태라는 것이다.

그런데 또 문제는 연예인들이 흔히 쓰던 세속적인 말들, 이것은 야한 농도 짙은 농담을 말하는데, 나는 이런 말들에 익숙지 않아서 교회에서 이런 말을 주고받는다는 것이 듣기에 너무 불편했다.

　그렇다고 나 혼자 거룩하다고 그런 말을 하지 못하게 할 수도 없는 노릇이었다. 물론 내 자신도 고상하고 성숙한 언어생활을 하는 사람은 아니었다. 그러나 우리가 성경 공부를 하면서 무엇을 배우는 것인가! 귀로 들으라고만 배우는 것이 아니라 삶에 적용하고 실천하라고 성경 공부를 하는 것이 아닌가!

　내가 당장에 거룩해진 것은 아니었지만 이런 상황은 용납되지 않았고 그에 대한 거부감을 떨칠 수가 없었다. 남들은 깔깔대고 재미있다고 웃어대는데 어떤 때는 나 혼자 왕따가 되는 느낌도 있었다. 그런데 내가 전도한 친구가 있었는데 그 친구가 그런 야한 말을 주고받으며 즐기고 있는 것이 아닌가! 그래서 나도 신앙이 없었지만 적어도 내 친구는 그런 말을 안 했으면 해서 그 친구에게 충고를 했다.

　"…교회에서는 그런 말들은 조심했으면 좋겠는데…."

　그랬더니 금방 나에게 기분 나쁜 반응을 보였다.

　그 뜻은 너나 나나 어제까지 똑같은 신분이었는데 언제부터 네가 달라졌느냐 하는 표정이었다. 너 혼자 거룩한 척하지 말라는 것이다. 그러더니 그때부터 안면이 달라지고 거리가 멀어지는 것을 느끼게 되었다.

　그의 말이 무척 내 마음에 거슬리고 그 친구에 대한 나쁜 이미

지에 사로잡히게 되었다. 훈련되지 못한 나는 결국 마귀의 덫에 걸려 미움의 수렁에 빠지게 되었다. 이때부터 나는 당연하게 그 친구를 미워하기 시작했고, 친구도 역시 나를 미워하는 껄끄러운 관계가 시작되었다.

그것은 나의 돌변한 태도에 대한 그 친구의 반응이었을 것이다. 나는 그 친구를 조금이라도 이해하거나 넓게 생각할 마음의 여유가 없었던 상태였다.

오직 내 사고방식과 길들여진 내 생활로 이웃을 바라보는 잣대로 삼았으니…. 세상 어디에 나와 똑같이 사는 사람이 있겠는가 말이다.

그런데 큰일 났다.

날이 가면 갈수록 교회도 나가기 싫어지는 것이다.

교인들이라면 대화 자체도 좀 고상해야 하지 않겠는가.

나 혼자 거룩해진 것도 아닌데, 이상하게 그런 분위기가 못견디게 싫었던 것이다. 문제는 성경공부 시간이 그렇게 좋더니 이제는 공부하는 것도 싫고 사람들 만나는 것조차 싫어지는 것이었다.

그런데 예수 믿으면 더 마음이 너그러워야 하고 대인 관계가 더 좋아야 하지 않은가!

교회의 울타리 안에는 별의별 성격의 사람들이 다 모여 있는 인격훈련의 현장이다. 그 안에서 서로 용납하고, 이해하며, 기다려주고, 참아주며, 사랑하는 관계를 만들어가야 한다. 교회 안에서 사람 때문에 시험 들었다 하면 문제는 나에게 있음을 기억해야 한다. 그리고 하나님께서 왜 이 같은 사람을 내 앞에 두셨는가를 생각해 보는 신앙의 여유가 있어야 하며 나의 문제를 살펴보는 지혜가 있어야 한다. 예수님께서 말씀이 생각났다.

나중에 말씀을 깨닫고 나니, 이런 상황은 내가 말씀대로 살지 못하고 성령 충만하지 못한 가운데 사단이 주는 미움의 영에 사로 잡혀, 그것의 지배를 당하고 있었다는 것을 깨닫게 되었다.

나는 대단한 각오와 뜨거운 마음으로 교회 설립에 동참해서 힘 있게 일을 했던 사람이었는데, 이 미움의 사건 앞에서 그만 굴복 당하고 말았던 것이다.

'그래, 내가 교회를 안 나가면 더 이상 미운 사람을 안 볼 테니까 내가 교회를 그만 쉬자.'

이렇게 생각하고 얼마 동안 본 교회에 출석을 하지 않고 동네 교회를 나가고 있었다.

개척 당시에는 하용조 목사님과 특별히 가까운 사이였다. 왜냐 하면 목사님이 집회에 나가실 때마다 거의 내가 찬양으로 동반 사 역을 했기 때문이다. 그래서 목사님이 안타깝게 생각하시고 심방 오셔서 말씀으로 시험 든 나를 달래기도 하셨다. 그러나 내 마음 이 미움의 영에 사로 잡혀 있었기에 목사님도 내 마음을 움직일 수 없었던 것이다.

이렇게 시간이 자꾸 흘러갔다.

어느 날 남편이 나를 책망하는 것이었다.

"도대체 무엇이 그렇게 대단한 일이라고 교회를 안 나가고 이러는 거야. 내가 연예인이야? 당신이 이런 식으로 예수 믿는다고 하면 나도 신앙생활 다 집어 치울거야!"

그때 정신이 번쩍 드는 것 같았다.

남편의 신앙상태도 어리다는 것을 잘 알고 있었기 때문이다. 만약 내기 속히 신앙생활을 회복하지 않으면 남편이 신앙생활을 버릴 것 같은 생각이 들었다. 그래서 내 마음이 아직 정리가 되지 않고 힘들지만 다시 본 교회에 나가서 신앙생활을 하기로 마음에 결정을 했다.

이렇게 해서 얼마 후 교회를 다시 나갔다.

그런데 내가 손님 같은 느낌이 들었고 내가 설 곳이 없는 것 같이 느껴졌다. 그렇게 미워했던 친구는 교회의 아주 중요한 위치에서 일하고 있는 것이 아닌가. 어떻게 보면 그 친구가 나보다 훨씬 성장한 것 같은 느낌이 들었다.

"이와 같이 나중 된 자로 먼저 되고 먼저 된 자로서 나중 되리라"
(마태복음 20:16).

이렇게 되고 나니 더욱 속상해서 교회 나가기가 싫었다. 그러나 남편을 생각하면 교회를 외면할 수도 없었다. 내가 회복하려면 제대로 신앙생활을 해야겠다고 생각하고 다시 성경 공부를 시작했다. 그런데 그 즈음에 이상하게 사랑에 대해서 공부를 자주 하게 되었다.

"그 형제를 미워하는 자마다 살인하는 자니 살인하는 자마다 영생이 그 속에 거하지 아니하 는 것을 너희가 아는 바라…"(요한일서 나는 아직 미움 가운데 있었는데 이 말씀들이 무척 부담스럽고 괴로웠다. 그래서 그때부터 본격적으로 기도하기 시작했다.

"주님 내 의지와 노력으로는 저 친구를 도저히 사랑할 수 없습니다. 주님 도와주십시오. 주님이 정말 나를 사랑하신다면 그 사랑을 내가 확인하게 하여 주시옵소서. 내가 그 친구를 사랑하는 마음이 생기면 그때 주님이 나를 사랑하시는 것을 내가 확실히 믿겠습니다."

이렇게 조건적이며 믿음 없는 흥정적인 기도를 한동안 계속하게 되었다. 하나님의 응답은 없고 시간은 자꾸 흘러가고 있었다. 아울러 내 마음속에서는 기도 응답에 대한 기대가 서서히 사라지고 있었다.

그러던 어느 날 그 친구가 저편에서 변함없는 목소리로 이 쪽을 향해 오고 있었다. 그런데 왠지 그 소리가 괴롭지 않고 부담감 없이 들을 수 있었고 내 마음이 전혀 불편하지 않았다. 오히려 그동안 변한 모습이 어떤가 은근히 보고 싶은 마음이 있어 기도했다.

"주님, 그 친구를 편안하게 대할 수 있는 용기를 주시옵소서."

주님께서 나의 어린아이 같은 기도, 순수한 기도를 들으셨던 것이다. 성령님께서 내 마음속에 사랑의 마음을 주시고 미움의 영으로부터 해방시키시고 승리하게 하셨다.

그리고 나는 주님께서 살아 계심을 확신하게 되었고 나를 사랑하고 계심을 확실히 믿게 되었다.

그뿐만 아니라, 내 심령의 놀라운 변화는 그 미움의 사건 이후부터는 미움의 대상이 없어졌다. 이 미움의 사건은 꼭 내가 경험하고 통과해야 할 훈련이었다는 것을 깨닫게 되었다. 그것은 훗날 우리에게 맡기실 목회 중에 수많은 환난과 고통과 억울함을 이겨내야 했기 때문이다. 왜냐하면 갖가지 사건으로 얼마든지 미워할 대상이 목회 현장에는 널려 있었기 때문이다.

어떻지라도 주의 백성들은 더 이상 미움의 죄를 범치 말고 이웃을 짓밟지 말아야 한다. 내 고집을 버리고 기 싸움하지 말아야 한다. 이런 현상은 다 인간적인 감정 대립이다. 실상 감정싸움은 죽고 사는 문제들이 아니다. 얼마든지 넘어가고 통과할 수 있는 문제들이다. 그래서 우리는 속히 해결하고 화목한 관계를 이루어야 한다는 것을 기억해야 한다.

힘들었지만 현재의 목회 현장을 위해 주님께서 미리 훈련시켰던 것을 감사하고 있다. 내가 만약 미움의 감정에서 해방되지 못하고 스스로 조절하는 훈련되지 못했다면 어떻게 그 수많은 어려움과 갈등과 미워할 사건들을 해결할 수 있었겠는가!

그 옛날 미움의 사건으로 나를 훈련시켰던 주인공은 바로 지금 미국에 살고 있는 허림 권사님이다.

성경은 "미워하는 자마다 살인하는 자"라고 말씀하고 있지 않는가! 즉 성경은 미워하는 것을 곧 살인하는 것과 동일시 한다는 사실을 깨달아야 한다.

남편과 함께 집회도 다니면서

미움은 기 싸움이다. 인간적 감정 대립이다.

미움은 자신의 인격을 썩게 하고 죽이는 독약이다.

미움은 인간을 타락하게 하는 사단이 사용하는 도구이다.

그리고 미움이라는 감정은 이성을 파괴하고, 영혼을 섬멸시키는 사단이 사용하는 제일의 무기이며, 또한 이것으로 우리를 사단의 종으로 결박한다는 것을 확실히 알게 되었다.

이렇게 미움은 조용히 인간의 영혼에 들어와서 좀먹는 더럽고 악한 좀벌레와 같은 것이다. 결국은 영혼을 완전히 병들게 하여 쓰러지게 하는 무서운 사단의 도구라는 것을 기억해야 한다. .

인생을 사노라면 어떤 사람을 만날지, 어떤 관계로 어떤 상황이 벌어질지 아무도 예측하지 못한다. 그러나 주의 자녀들은 인격적인 어떤 힘든 상황에 처할지라도 미움 대신 불쌍히 여기는 마음으로 기도해주며, 자신을 말씀 앞에 순종하도록 감정을 잘 다스리는 영적인 사람들이 되어야 한다.

비록 자존심이 상해도, 꼴보기 싫어도, 또는 손해를 볼지라도, 미움의 감정을 떨쳐버리기를 애써야 한다. 이렇게 하나님의 말씀에 순종하는 자에게 하나님은 항상 그의 편이 되어 주실 것이다. 우리는 기도하며 미움을 이기고 승리하는 주의 백성이 되어야 한다. 성령 안에서 항상 우리를 이기게 하시는 주님께 감사와 찬양을 올려드린다.

할렐루야!

17

십자가의 구원

나는 하나님의 말씀을 인간적인 생각, 또는 세상 지식과 상식으로 이해하는 수준이었다. 아직 영적으로 거듭나지 않은 내가 어떻게 심오한 영적인 말씀을 이해할 수 있었겠는가. 이런 나는 말씀을 공부할 때마다 무언가 답답하고 깊은 갈증을 느꼈다.

거듭난다는 것은 인간의 이해로 알 수 있는 것이 아니다.

어떻게 생각하면 나의 이 현상이 거듭남에 대한 태동이 아니었나 하는 생각도 해보았다.

우리는 기도하고 싶으면 교회 뒷산에 있는 감람산 기도원에 시간나는 대로 올라가곤 했다.

우리가 기도할 때 통성으로 기도하면 때로는 경찰이 올라와서 너무 시끄럽다고 동네 사람이 신고를 해서 기도를 조용히 하라고 하는 경고를 몇 번이나 받기도 했다.

그곳은 현재 부자들과 유명인들이 사는 최고의 부자동네 평창

동이다. 그래서 우리는 통성으로 기도하려면 기도원 뒤쪽에 있는 방에 모두 모여서 기도하곤 했었다.

언젠가 하용조 목사님이 교인들에게 감람산 기도원에 가서 철야를 한다고 했다. 그래서 모두들 밤늦게 일들을 마치고 조를 짜서 차에 서로 서로 나눠 타고 기도원으로 올라갔다. 나도 밤무대 일을 끝내고 의상을 입은 채로 짙은 화장을 한 채로 같이 올라갔다.

하 목사님의 말씀을 다 듣고 난 뒤 모두 흩어져서 자기가 기도하기 좋은 곳에 자리를 잡았다. 예배당에는 전기를 모두 끄고 한 사람 한사람 기도하기 시작했다.

나도 결사적인 기도를 위해서 강대상 앞에 자리를 잡고 기도하기 시작했다. 한참을 기도하다 보니 저쪽에서는 코고는 소리도 들리고, 또 이쪽에서는 조용한 기도 소리도 들렸다. 밤은 깊어 가고 있었고 한사람씩 기도 소리가 사라지고 있었다. 시간이 많이 지났다는 것을 알 수 있었다.

영화 '저 높은 곳을 향하여 홍보팀'

그런데 나는 아직 기도에 목말랐기 때문에 도저히 잠을 잘 수가 없었다. 계속 내가 원하는 기도를 하고 있었는데 슬슬 피곤하고 잠이 몰려오는 것을 느꼈다.

그런데 얼마가 지났을까?

꿈이었는지 환상이었는지 잘 모르겠지만 내 앞에 큰 십자가가 세워져 있는 것을 보았다.

그런데 이게 웬일인가?

내 앞에 서 있던 큰 십자가가 움직이는 것이다.

그리고 그 큰 십자가가 서서히 나에게 다가오는 것 같았다.

그 순간 그 십자가가 나를 덮을 것 같은 마음이 들었다.

나는 어느덧 그 상황에 빠져 들어가는 것이 느껴지며 순간 무서운 생각이 들었고 "주여" 소리 지르며 눈을 떴다.

아무것도 없었다.

나는 너무 이상해서 다시 눈을 감았다.

환상 같기도 하고 잠깐 꿈같기도 한 십자가는 다시 보이지 않았다. 나는 너무나도 생생한 그 십자가를 생각하며 다시 기도하기를 시작했다.

"주님 무슨 뜻입니까?"라고 그 뜻을 깨닫기 원하는 기도를 하고 있는데, 조금 후 내 마음속에 강한 음성이 들려오는 것이었다.

"그 십자가는 바로 네가 져야 할 십자가란다."

음성 같은 소리가 내 마음에 들리는 것이었다. 그래도 무슨 뜻인지 알 수가 없었다. 그래서 계속 "주여, 주여!"하면서 그 뜻을 알기를 기도했다.

얼마나 지났을까?

나의 마음이 뜨거워짐을 느끼면서 '내가 누구인가'를 생각하게 되었다.

나는 그때까지 약 2년 정도 신앙생활을 했지만 내가 죄인인 것을 인정해 본 적이 없었다. 성경공부할 때 목사님이 인간의 원죄에 대해 가르치셨어도 기독교는 그렇게 가르치는가보다 생각했다. 그 원죄가 나와 무슨 관계가 있는지 도무지 알 수가 없었다.

나는 도둑질 해 본 적도 없고, 실제로 이혼을 위한 간음도 하지 않았고 살인도 하지 않았으니까 말이다. 그러므로 나는 죄 없는 사람이라고 생각했었다.

하나님과의 관계에서 원죄를 생각하지 않고 나는 내 자신의 형법상 죄를 죄로 생각했기 때문이다.

이것이 영적으로 거듭나지 못한 무지한 상태였다.

나는 착한 사람이고 선하다고 생각했던 것이 하나님께 대한 죄였고 사람들에 대한 위선이었다. 그런데 십자가 앞에서 인간적인 나의 존재가 무너지는 순간이었다.

그 십자가는 구원의 확신을 얻게 하는 성령 체험의 역사였다.

성령이 내 마음에 오신 것이다. 바로 원죄와 모든 죄로 인하여 죽어야 할 나의 십자가임을 깨닫게 되었다.

성경공부를 통해 배웠던 말씀이 실제 사건처럼 내 마음 속에서 꿈틀거리고 있었다. 아담의 원죄 때문에 나는 하나님과의 영적인 교제가 단절되었고, 이 단절이 곧 나의 영혼이 죽은 상태라는 것을 깨닫게 되었다. 그리고 영혼이 죽은 상태에서 하나님을 모르고 사는 것 자체가 죄라는 것을 깨달았다.

또한 하나님이 없이 살았던 내 삶은 죽음과 저주 아래 있었던 것을 확인하게 되었다. 사단의 지배하에 살던 나의 영적 무지가 온갖 죄를 범하게 했음을 깨닫게 된 것이다.

"너희의 허물과 죄로 죽었던 너희를 살리셨도다 그 때에 너희가
그 가운데서 행하여 이 세상 풍속을 좇고 공중의 권세 잡은 자를

나는 하나님을 몰랐고, 하나님 없이 살아왔고, 내 중심, 내 뜻대로 살면서 하나님의 뜻에 불순종한 사람이었다.

인간적인 욕심을 따라 지내며 내 마음의 원하는 대로 살았던 나는 하나님 앞에서 진노의 자녀였다.

죽음 가운데 처한 나였지만 내 영혼을 구원할 그 어떤 것도 없다는 것을 깨닫게 되었다.

나의 전부였던 연예 생활, 최고의 목표였던 명예와 돈, 그것들이 나의 죄와 죽음의 문제를 해결할 수 없었다.

무지갯빛같이 화려한 것들이 결코 내 영혼을 구원할 수 없다는 사실을 깨닫게 되었다. 오히려 그것들이 나를 사로잡아 파괴와 고통의 늪 속으로 끌고 다녔다는 것을 깨닫게 된 것이다.

이렇게 사단은 내 삶을 휘어잡고 멸망으로 몰고 가기 위해 원격 조정했다는 것도 깨닫게 되었다.

나는 허울 좋은 명예와 돈의 노예가 되어 가정을 파괴하려 했던 엄청난 큰 죄인임을 깨닫게 되었다. 가정은 하나님이 만들어 주신 작은 천국이라고 배웠는데, 내가 그 작은 천국을 파괴하려 했으니 말이다. 그리고 나의 가장 가까운 이웃인 남편을 미워했던 모든 것들이 죄였음이 깨달아졌다.

진실로 나에게 십자가의 보혈이 없었다면 구원의 은혜도 없었다는 것을 깨닫게 된 것이다. 하나님 없이 살았던 나는 무지하고 더러운 용서받지 못할 죄인이었다는 것을 확실히 알게 되었다.

예수의 십자가를 만난 순간 벌거벗은 그대로의 나의 모습을 보며 부끄러운 회개와 속죄의 눈물을 쏟았다.

나는 이전에는 눈물을 흘릴 필요가 없는 사람이었다.

그렇게 교만하고 자신 만만하게 생활했기에 나를 위해 울어 본 기억이 없었던 사람이다. 그런데 그날 밤 어디에 고여 있던 눈물이 그렇게 많이 나올 수 있었는지… 그것은 참회의 눈물이었다.

내 의지가 아니었고 성령님께서 깨달음의 영과 회개의 영을 부어주셨던 것이다. 예수의 십자가의 보혈이 내 영혼에 가득 부어지고 새 생명을 얻게 된 것이다. 예수의 십자가에 접붙여져서 나는 하나님의 자녀가 된 것이다. 이 깨달음의 회개는 나의 삶이 바꾸어지는 새 생명을 얻는 회개의 역사였다.

지금까지 깨닫지 못했던 확실한 영혼의 구원이었다.

이 사건은 바로 "구원의 확신"을 얻게 하는 놀라운 성령의 역사였다.

나는 생각한다.

구원의 확신이 없는 사람들은 영적인 생명력이 없는 상태의 신앙이다. 말하자면 천국의 소속이 분명하지 못한 삶을 살게 된다는 뜻이다. 확신을 갖지 못해도 구원의 원리는 알고 성경 말씀을 지식적으로 얼마든지 마음에 담을 수 있다.

세상 사람들도 성인들의 명언을 자신의 인격에 담고 생활의 지침서로 여기며 사는 사람들이 얼마나 많은가.

하나님의 자녀라는 사람들도 확신이 없으면 하나님의 말씀을 삶의 지침서 정도로 여기며 살 수 있다.

그러나 구원의 확신을 가져야 한다.

구원의 확신을 갖게 되면 세상을 바라보는 시각이 달라지고 삶의 질과 자세가 달라지게 되는 것이다.

세상 생활과 신앙생활에 확실한 구분이 생기고, 아울러 신앙인으로서 세상 생활을 어떻게 조화와 균형을 이룰 것인지에 대한 영적인 지혜가 생기게 되는 것이다. 그래서 구별된 거룩한 하나님의 자녀로서의 영적인 삶을 분명하게 살게 되는 것이다.

나는 구원의 확신을 갖기 전까지는 교회와 신앙생활에 대해서 배워가는 기간이었다고 생각한다. 그런데 구원의 확신을 가진 이후부터 진실로 하나님의 자녀로 다시 태어나 본격적인 신앙생활을 하게 되었던 것이다.

"그런즉 누구든지 그리스도 안에 있으면 새로운 피조물이라 이전 것은 지나갔으니 보라 새것이 되었도다"(고린도후서 5:17).

얼마나 회개를 했는지 내 마음에 뜨거운 무엇인가가 솟아오르는 것이 있었다. 그 순간 회개의 영이 부어지면서 내 입에서 연속적으로 기도가 쏟아져 나왔다.

"하나님, 제가 지난날 하나님 없이 살면서 지었던 모든 죄를 용서해 주십시오. 또 하나님의 뜻을 모르고 내 뜻대로 살면서 가정을 파괴하려 했었던 것을 용서해 주시옵소서. 그리고 남편과 이웃을 미워했음을 용서해 주십시오. 또 귀한 재능과 목소리를 주셨는데 내 것처럼 사용하며 많은 영혼들을 범죄하게 했음을 용서해 주십시오. 그리고 귀한 목소리를 사단에게 죄악의 도구로 내어 준 것을 용서해 주시옵소서. 이제는 주님의 그 십자가의 보혈로 나의 모든 죄를 씻어 주시고 내 영혼을 정결케 해주십시오."

"이 목소리로 얼마나 많은 뭇 영혼들을 유혹하여 그들에게 서로서로 범죄케 하였습니까? 용서해 주시옵소서. 지금까지 사단의 앞잡이로 사용했던 목소리를 주님 앞에 돌려드립니다. 십자가의 보혈로 정결케 해주시고 주님의 뜻대로 사용하시옵소서. 나의 삶과 목소리를 온전히 주님께 드립니다. 내 모든 것이 주님이 쓰시는 도구가 되게 해주시고 내 기도가 하나님 뜻 안에 있는 기도되게 하옵소서. 그리하여 기도하는 것마다 하나님이 기뻐하시며 응답해 주시는 기도되게 하옵소서."

내 무대생활은 나의 힘이었으며 대중에게 사랑받는 무기였다. 또한 그런 유혹의 노래들, 유혹의 매너가 돈을 벌어들이는 수단이었던 것이다. 그러니까 얼마나 많은 사람들이 내 노래에 빠져 있었고, 내 노래에 마음을 빼았겼던가. 그래서 나이트클럽, 밤무대에서는 없어서는 안되는 가수였지 않았는가!

이것은 일반 대중이 볼 수 없고 이해할 수 없는 광경이다.

생명 같은 내 생활을 이렇게 생각하고 있으니 동료 가수들은 나를 미쳤다고 말할 것이 뻔하다. 그런데 그것이 죄악으로 깨달아지고 회개의 눈물이 터져 나왔다는 것을 어떻게 말하겠는가. 나는 가수들에게는 배신자가 되고, 이방인이 되고, 적이 될 수 있을 테지만 말이다.

그런데 나는 이렇게 뜨거운 회개 기도와 아울러 한순간에 서원 기도가 이루어지게 된 것이다.

서원 기도는 함부로 하는 것이 아니라고 배워서 알고 있었다.

내가 이 밤에, 이 기도원에 온 것은 서원 기도하러 온 것이 결코 아니었다. 히트곡 때문에 결사적으로 기도하기 위해 올라온 것이었다. 그런데 내가 원한 기도가 전혀 아닌 서원 기도가 터져 나온 것이다. 이것은 성령님께서 십자가 사건을 통해 강력하게 내 영혼에 역사하셨던 것이다.

죄 가운데 죽었던 나를 살리신 생명의 십자가 앞에서 통회 자복하며 죄악 된 옛 삶을 끊고 주님만을 위해 살기로 결단하며 서원하기에 이르렀던 것이다. 이렇게 하여 하나님께서는 영적으로 다시 태어나게 하시고 주님이 원하시는 도구로 빚으시기 시작하셨다.

이것은 내 인생의 터닝 포인트가 된 사건이었다.

사람들 앞에서는 원만하게 보였고 겸손하게 보였지만 전혀 다른 내가 내 안에 있었다. 그래서 숨겨진 교만함과 원만하지 못한 성격들이 주님 앞에서 부서지고 깨어지는 순간이 필요했던 것이다. 그 후부터는 내가 목숨 걸었던 것들이 보잘것없는 것으로 여겨지게 되었다.

"예수를 아는 지식이 가장 고상함을 인함이라 내가 그를 위하여 모든 것을 잃어버리고 배설물로 여김은 그리스도를 얻고…"(빌립보서 3:8).

세상을 생각하는 사고와 삶의 가치 기준이 달라 지게된 것이다. 해와 달과 산도 바다도 모든 것이 다 새롭게 다르게 느껴지고 보여졌다. 그때부터 모든 것을 볼 때 영적으로 생각하게 되었고 나의 생활이 영적인 삶으로 변화되기 시작했다.

우리가 예수 믿고 예수를 나의 구주로 영접하면 구원을 받게 되는데 이것을 중생이라고 한다. 나는 그 2년 전에 예수 믿고 중생을 한 것이다. 다만 내가 중생 했다는 것을 깨닫지 못했을 따름이었다. 그런데 성령님께서는 항상 말씀으로 내 심령을 조명해주셔서 나의 상태를 보게 하시고 깨달아 알도록 인도하시므로 이제 나에게 구원의 확신을 얻게 하시고 주의 자녀의 신분을 확인하게 하셨다.

성령님께서는 내가 주님의 소유임을 깨닫도록 역사하셨다.

그 후의 삶은 내 주장대로가 아닌 주님이 인도하시는 삶을 살기 위해 무척 애를 썼다. 그것은 나를 포기하는 일이었다. 그리고 열심과 최선을 다해 주님을 기쁘시게 하기를 애썼던 것이다.

내가 서원했다는 말을 목사님과 몇 분에게 알렸다.

목사님은 무척 기뻐하셨다. 그런데 선배님들과 동료들은 왜 그렇게 했느냐고 야단들이었다. 너무 일찍 은퇴한다고 하면서 어떤 이는 아깝다고 하기도 했다.

또 어느 선배님은 걱정스러운 얼굴로 "경거망동하면 안돼"라고
까지 말하는 분도 있었다. 대부분 나를 아깝다고 말했는데, 나의
입장과 활동 위치가 히트 일보 직전인 것을 다 알고 있었기 때문
이다.

이제 나는 어떻게 내 일을 정리할까를 생각하게 되었다. 그러니
까 나와 계약된 호텔무대와의 뒷일을 처리하는 일들이 있는 것이
다. 그런데 또 이상한 현상이 생기는 것은 돈 더 줄테니까 계약을
더 연장하자는 것이었다.
참 구미가 당기는 흥정이었다. 그러나 구미가 당기는 그 흥정도
전혀 내 마음을 움직일 수 없었다.
그런데 잔잔히 소문이 퍼져가고 있었다.
"방은미가 예수에 미쳤대" 또는 "방은미가 이제는 배부른 흥정
을 한대" 등등이다.
나는 돈에 약하고, 명예에 약하고, 히트곡에 약한 사람이었다.
그러나 확실하게 말할 수 있다.
"결코 나는 미친 것이 아니라고…."

나는 이제 나의 위치를 찾아 제대로 돌아온 것이라고 말이다.
그 후로 현재까지 돈을 벌기 위해서, 세상의 어떤 목적을 위해서,
나의 유익을 위해서, 또는 쾌락을 위해서, 어떤 모양으로든지 이
목소리를 세상 노래를 부르는 일에 사용하지 않았다는 것을 확실
하게 고백할 수 있다.
오늘날 부족한 나를 주의 종으로 쓰시기 위하여, 성령님의 강한
붙드심이 있었기에 흔들릴지라도 또 주님의 사랑과 은혜에 마음

을 묶을 수 있었다. 그래서 변함없이 서원 기도를 지킬 수 있었고 지금까지 주의 일을 할 수 있었다.

이렇게 성령이 나와 함께하심을 감사드리며 또 감사한다.

"내가 이미 얻었다 함도 아니요 온전히 이루었다 함도 아니라 오직 내가 그리스도 예수께 잡힌바 된 그것을 잡으려고 좇아가노라"

(빌립보서 3:12).

브라질과 할렐루야 축구 개막식 서울 운동장에서

18

영적인 갈등

하나님께 서원한 후 나는 찬양자로 사역의 틀을 굳혀가고 있는 중이었다. 이 정도면 세상의 유혹을 능히 제어할 수 있는 신앙이 아닌가 생각할 수도 있다. 그런데 사단은 이 정도의 나를 향해 "웃기지 말라"는 식으로 끈질기게 내 마음을 찔러 보는 것이었다.

나는 방송 스케줄은 끊을 수 있었지만 남아 있는 무대 계약은 일방적으로 끊을 수 없는 상황이었다. 만약 일방적으로 끊으면 손해배상을 물어야 했고, 또 남은 계약을 정리하기 위해서는 시간이 필요했다. 그러나 내 생활을 정리하는 사연을 모르는 방송국과 호텔 무대에서는 빗발치듯 교섭이 들어왔다. 그것은 여러 가요제 출전과 입상 경력이 많았던 것이 나의 좋은 이력이 되었기 때문이다.

그런데 업소들의 스케줄을 거절한 나에게 세상의 반응은 대단히 조롱적이었다. 어떤 사람은 거절하니까 욕을 하기도 하고 "이제 정상에 좀 뜬다 하니까 배짱이구나”하는가 하면 또 어떤 이들은 “인기가 있다 했더니 배불렀구나”하는 말도 들었다. 다만 방송을 통해서 실력을 인정받고 사랑을 받았던 것뿐인데….

나는 답답했다. 정말로 나는 배짱도 아니고, 세상을 향한 흥정도 결코 아니었다. 세상은 나를 이해할 수도 이해하지도 않는 상황이었다. 사실 나의 출연 거절이유는 바로 하나님께 대한 서원 때문이었다.

세상의 손길이 나를 놓치지 않으려고 계속 끌어당기는 상황 속에서 내가 세상일을 계속한다면 얼마나 신나게 춤추고 노래를 부르며 얼마나 행복해 했을까. 그렇지만 나는 지금 세상적으로 행복한 일을 거절하고 있다.

그러면서 나는 스케줄을 어떻게 거절할지 참으로 궁색했었는데, 그것은 내가 신앙적 지혜가 없었기 때문이라고 할 수 있다.

지혜롭지 못한 나는 무슨 말로 거절할지 몰라 거절의 이유를 그만 신앙생활 때문이라고 말했다. 그리고 이젠 연예계를 떠난다고까지 말했던 것이 나에게 문제가 되었던 것이다.

그 말을 듣는 관계자들에게서 어떤 반응이 나오겠는가?.

“신앙 때문?”이라는 말 때문에 졸지에 나는 정신병자가 되어 버린 것이다.

그들은 좋은 프로 출연과 고급 호텔 무대를 거절하는 것을 약간 정신 나간 사람으로 취급했다.

“방은미가 예수 믿는다더니 잘못된 이상한 걸 믿는가 봐.”

“방은미가 광신자가 되었데.”

“혹시 이단에 빠진 것이 아니냐?”

이렇게 말하는 사람도 있었다.

친한 동료들까지도 나를 정상적인 사람으로 보지 않았다.

나는 기가 막혔다. 내가 어떤 말을 들어도 나는 그런 사람이 아닌 것을 내 하나님이 아신다.

나는 예수를 믿고 성령 체험한 감격과 뜨거운 마음만 있었지 어떻게 해야 할지에 대한 지혜가 없었던 것이다.

이런 내 모습은 훈련되지 못한 초신자의 미련함이 아니었나 생각해 본다. 나의 신앙이 미처 성장하기도 전에 나는 교계에서 유명한 사람이 되어 가고 있었다.

찬양 사역을 본격적으로 하면서 나는 복음성가 보급을 위해 찬양곡을 취입하여 음반을 만들었다. 그러면서 교계에 빠른 속도로 알려지게 된 것이다.

이렇게 되자 가수 방은미를 초청하는 교회가 많아지게 된 것이다. 아울러 몇몇 호텔에서는 더 좋은 조건으로 계속 섭외가 들어오고 있었다.

이런 가운데 내 마음속에 큰 갈등이 생겼다.

아직 정리하지 않은 상태니까 조금만 더 활동해도 죄가 되지 않을 것 같았다.

나는 세상적인 생각에 싸이고 있었다.

지금 생각해보면 부끄럽기 짝이 없는, 이렇게 좋은 계약을 한번만 하고 끝내겠다고도 기도해 보았다. 실상 무대에 선다고 죄가 되는 것은 아니다. 다만 내가 하나님께 서원했다는 사실이 문제가 되는 것이다.

그런데 내가 마음이 흔들려서 이런 기도를 계속했으니 응답이 없을 것은 당연한 일이었다. 세상에 대한 미련을 끊는 것이 보통 어려운 일이 아니었다는 것을 고백한다.

정말 하나님의 말씀대로 살려고 생각하지만 현실은 나를 놓지 않았기 때문에 갈등이 심했다. 말씀을 무시하고 현실대로 살자니 하나님이 두려워지고 말씀을 따라 살자니 숨이 막히는 것 같았다. 이렇게 내 신앙이 견고한 믿음이 아니었기 때문에 힘든 갈등의 소용돌이 속에서 허덕이게 되었다.

내가 신앙적 갈등을 느끼고 있을 때 성령님께서 내 영혼에 개입하시고 점진적으로 나를 인도하셨다.

이렇게 생활하던 어느 날이었다.

성경 공부가 내 마음을 심히 힘들고 혼돈하게 하는 말씀이 있었다. 그 말씀은 나의 표리부동한 이중생활을 보게 했던 것이다.

이 말씀은 우리 모두에게 적용되는 말씀이다.

그런데 "한 입에서 찬송과 저주가 나는도다" 하는 말씀이 내 영혼 속에 비수와 같이 꽂혔다. 나는 내 입으로 예수 믿는 사람이라고 찬송을 한다.

그런데 '저주'란 도대체 무슨 뜻이란 말인가.

나는 저주에 대해서 깊은 생각에 빠지기 시작했다.

그렇다면 세상 노래가 저주란 말인가.

그렇게는 생각할 수 없고 도무지 이해가 가지 않았다.

그런데 왠지 내 마음에 큰 부담으로 이 말씀이 내 마음을 흔들었다.

나를 나 되게 하고 지금까지 나를 있게 한 노래가 절대로 저주가 될 수 없지! 그렇다면 이 뜻은 무엇을 말함인가?

도무지 해답을 얻을 수 없었다.

이렇게 내 마음속에 박혀진 말씀을 늘 부담으로 안고 생각하며 한동안 생활했는데, 어느 날 나는 나의 무대에서 그 해답을 찾게 되었다.

나는 유혹이 난무하는 찬란한 조명 아래서 영혼을 빼앗듯이 요란하고 강렬하게 청각을 때리는 음악과, 수많은 사람들의 말초

신경까지 자극하며 그들의 쾌락을 위해 춤추며 노래했던 사람이었다.

그리고 나는 그 속에서 대중들의 환호와 사랑을 먹고 살았으며 늘 이런 생활을 자랑스럽게 생각했었다.

그리고 나도 함께 그 무대 생활을 즐기며 만족하는 가운데 살아왔던 것이다.

그런데 그날 그 무대가 내 눈에 들어오게 된 것이다.

'나는 도대체 이 무대에서 무엇을 하고 있었던 것인가?'를 생각하니 그 무대는 사람들의 영혼을 혼돈케 하며 죄악에 빠지게 하는 저주의 무대로 보이게 된 것이었다. 나는 수많은 영혼들을 유혹의 수렁에 빠지도록 선동하는 마귀의 앞잡이 노릇을 했던 것이다.

그 상황 속에서 내 노래를 열광하는 관객들을 향해 춤추며 온갖 매너를 다 동원하여 노래할 때 그들은 나의 열창 속에 마비되어 서로 유혹하며 함께 죄의 노예가 되어 버리는 것이다.

그런데 과연 나는 그들에게 무엇을 주었으며 무엇을 하고 있었는가. 말씀대로 돌아와 생각해보니 나는 분명히 그들의 영혼을 저주하고 있었던 것이다.

정말 내가 예수 믿는 사람이라면 그들은 나의 전도의 대상인 것이다. 그런데 전도하기는커녕 노래하는 시간에 그들을 죄악의 포로가 되도록 했으니, 나의 행위는 저주의 행위임을 확증하게 된 것이다.

"너는 말씀을 전파하라 때를 얻든지 못 얻든지 항상 힘쓰라"(디모데

"때를 얻든지 못 얻든지"

이 말씀이 나를 생각하게 했다.

이렇게 하나님의 뜻이 깨달아지면서 더욱 괴로워지기 시작했다. 이런 말을 누구에게도 할 수 없었고, 나 혼자 그때부터 고통하기 시작했던 것이다.

생각해보자. 가수가 자기 무대가 고통의 무대, 유혹의 무대, 그리고 저주의 무대로 느껴지면 그 생활은 끝장 나는 일이다.

그리고 남들이 도무지 이해하지 못할 사연을 누구와도 쉽게 상담할 수 있는 일도 아니었다. 그런 말을 했다가는 연예인들의 생명과도 같은 무대 생활을 저주의 무대로 표현했다고 나를 미친 사람으로 보고, 또 욕을 바가지로 먹거나 뺨 맞을 소리인 것이다.

누구도 연예계에 대하여 이런저런 말을 함부로 할 수 없는 것이다.

내가 경험한 영적인 깨달음이 모든 사람을 대표하는 사건이 될 수는 없다. 그러나 나는 이미 하나님께 내 생활에 대해서 서원한 처지가 아닌가.

그럼에도 불구하고 내가 무대에 대한 미련을 버릴 수 없었으니 하나님께서 이 말씀으로 나와 내 삶의 현장을 보게 하심으로 하나님께 드린 서원을 온전히 갚도록 하신 것이다.

신앙은 나와 하나님과 일대 일의 관계로 이루어지는 영적인 사건이기 때문이다. 내 무대에서 나는 세상의 모든 것을 얻었지만 결국 그 무대는 나로 하여금 죄짓는 무대로 보게 한 것이다. 말씀이 보여주신 이 사실 앞에 나는 내 생활을 미련없이 정리할 수 있었다.

그러니까 내 모든 것을 만족게 하던 무대를 정리하려면 자연히 돈도 사라지게 될 것을 생각하면서 말이다.

이 영적인 사건이 내가 연예 생활을 완전히 끊는 데 내 마음을 확실하게 굳힐 수 있는 접착제가 된 것이다.

내 영적인 상태는 서원하고 난 뒤 연예계 생활을 정리하는 동안에 세상의 것을 내려놓지 못하는 가운데 겪게 된 나의 미숙한 신앙이 현실을 이기지 못해서 겪는 영적 갈등이었음을 고백한다.

"하나님의 말씀은 살았고 운동력이 있어 좌우에 날선 어떤 검보다도 예리하여 혼과 영과 및 관절과 골수를 찔러 쪼개기까지 하며 또 마음의 생각과 뜻을 감찰하나니 지으신 것이 하나라도 그 앞에 나타나지 않음이 없고 오직 만물이 우리를 상관하시는 자의 눈앞에 벌거벗은 것같이 드러나느니라"(히브리서 4:12-13).

19

흔적도 없이 남김없이

신앙의 뒷받침이 없는 나였지만 하나님께 서원하고 난 뒤 세상 스케줄을 하나씩 정리하고 있었다. 비록 중심 잃은 사람처럼 이리 흔들, 저리 흔들거리고 있었지만….

어느 날 성경 공부를 하는데 성령께서 나에게 깊은 깨달음을 주심으로 내 마음을 격동케 하여 남들이 이해할 수 없는 행동을 하게 되었다. 서원은 했으나 믿음이 뒷받침되지 못하는 연약한 상태였기 때문에, 하나님의 말씀이 구구절절 나를 가르치시고 인도하시고 결단하도록 강권적으로 역사하신 것이다.

"지금 가서 아말렉을 쳐서 그들의 모든 소유를 남기지 말고 진멸하되 남녀와 소아와 젖 먹는 아이와 우상과 약대와 나귀를 죽이라 하셨나이다"(사무엘상 15:3)

이 말씀은 이스라엘의 초대 왕 사울이 아말렉과의 전쟁을 위하여 여호와 하나님께서 하신 말씀을 사무엘을 통하여 듣게 하신 말씀이었다. 즉 싸움에서 승리하면 원수의 것은 씨앗도 남기지 말고 다 멸하라는 뜻이었다.

만약 남겨진 것이 있다면 후일에 그것이 올무가 될 것이기 때문이다. 그런데 사울은 하나님의 말씀대로 하지 아니하였다.

"사울이 하윌라에서 부터 애굽 앞 술에 이르기 까지 아말렉 사람을 치고 아말렉 사람의 왕 아각을 사로잡고 칼날로 그 모든 백성을 진멸하였으되 사울과 백성이 아각과 그 양과 소의 가 장 좋은 것 또는 기름진 것과 어린 양과 모든 좋은 것을 남기고 진멸키를 즐겨 아니하고 가치 없고 낮은 것은 진멸하니라"(사무엘상 15:7-9).
"사무엘이 가로되 여호와께서 번제와 다른 제사를 그 목소리 순종하는 것을 좋아하심 같이 좋아하시겠니이까. 순종이 제사보다 잣고 듣는 것이 수약의 기름보다 나으니"(사무엘상 15:22).

이렇게 사무엘은 사울의 불순종한 죄에 대하여 책망하였다.

이에 대한 사울의 변명은 24절에서 "내가 범죄하였나이다 내가 여호와의 명령과 당신의 말씀을 어긴 것은 내가 백성을 두려워하여 그 말을 청종하였음이니이다"라고 했다.

이렇게 하나님 말씀을 순종치 않고 사람을 두려워하며 사람의 계산과 유익을 위해 하나님을 거역했던 사울은 결국 하나님의 버림을 받고 말았다는 말씀인데, 우리는 성경 말씀을 지식으로 알고 지나기가 일쑤다.

그런데 나에게 이 말씀이 그냥 지나가지 않았다.

이 말씀을 공부하고 난 뒤 나는 "남김없이 진멸해야 한다" 는 생각이 내 마음속에 깊게 자리를 잡게 되었다. 그리고 어떻게 하는 것이 내 삶에서 남김없이 진멸하는 것이 될 것인가를 묵상했다

이 말씀이 내 생활 속에서 어떻게 작용될지를 생각하게 되었다. 그리고 몇날 며칠을 '진멸'에 대해서 생각하느라 밤잠을 이룰 수 없을 정도였다. 그렇게 깊이 기도하고 묵상하고 시간을 보내고 있었는데, 문득 머리에 떠오르는 것이 있었다.

"아! 그것은 악보들이구나!"

벌떡 일어나 책장에 싸여 있던 악보를 모두 꺼내기 시작했다.

악보가 방안에 한가득 쌓였다. 다 꺼낸 뒤 나는 한 권 한 권씩 펼쳐 놓고 한 장씩 쫙쫙 찢기 시작했다. 원수를 진멸하는 마음으로 말이다. 이런 내 행동은 정말 예수에 미치지 않으면 할 수 없는 짓이었다. 왜냐하면 내 마음이 흔들릴 경우에 이 악보가 있으면 또다시 쉽게 세상으로 돌아가게 할 무기이고, 또다시 세상에 나를 묶어 놓는 족쇄가 될 것이기 때문이다.

나를 이해하지 못하는 사람들이 나의 이 행동을 보고 무엇이라고 생각할까.

남들이 보아도 정말 나는 정신 나간 사람이었다.

절대로 나를 이해하지 못하고 이해하지도 않을 것이다.

그런데 조용한 한밤중에 악보 찢어지는 소리를 듣고 남편이 잠에서 깨어나 "여보 뭐하는 것이야. 당신 미쳤어? 이게 무슨 짓이야"라고 외쳤다. 그리고는 싸울 듯이 달려들어 말리려 하는 것이었다.

남편에게 아내의 모습은 완전히 미친 여자였다.

악보는 가수들의 생명줄이고 연예활동 재산 목록 1호이다.

악보가 얼마나 중요한가 하면, 그 악보가 있어야 밤무대 또는 방송 출연을 할 수 있기 때문이다. 그래서 많은 수입을 올려 주는 무기가 되며 가수의 분신이기도 하기 때문이다.

나는 오랜 세월 무대 생활을 했던 가수였기에 편곡된 악보가 수백 곡은 되었다.

그런데 악보를 편곡하려면 한 곡 편곡비가 얼마나 비싼지 가수들과 음악인들은 알 것이다. 그 당시나 요즘이나 편곡이 얼마나 중요하고 값진 것인지, 음악인들에게는 귀중한 재산인 것이다.

그러니까 그 많은 악보가 편곡되기까지 또 얼마나 많은 돈을 투자했겠는가.

그래서 악보는 가수에게 없어서는 안 될 무기이며 대단히 큰 재산이 되는 것이다. 그래서 남편이 기절할 듯이 나를 말렸던 것이다.

그때의 내 마음을 남편도 어느 누구도 이해할 수 없었을 것이다. 지금 말로 하면, 하나님의 말씀이 나를 사로잡고 있었기 때문에, 성령의 감동케 하심이 이런 결단의 행동을 하도록 역사하셨다고 표현할 수밖에 없다.

그러나 그때 나는 내 행동에 대해서 어떤 말로도 남편을 이해시킬 수 없었다. 역시 내 신앙이 미약했었고 남편도 역시 신앙이 미약한지라 도무지 내 행동을 정상적으로 볼 수 없었다. 그러나 나는 차분히 말씀이 나에게 준 깨달음으로 인하여 결단하게 된 것을 말하면서 계속 찢었다.

나는 남편에게 이렇게 말했다

"이 악보가 남아 있으면 언젠가 돈 때문에 내 마음이 약해질 때가 있을지 어떻게 알아요? 그렇게 되면 또다시 악보를 들고 무대 출연을 하게 되겠지요. 그러니까 이 악보가 없어져야 혹시 또 나가고 싶어지는 마음이 있어도 악보가 없으니 못 갈 것 아니예요. 그래야 하나님께 드린 서원을 끝까지 지킬 수 있다고 생각해요. 그리고 내가 주님께 이 서원을 잘 지켜 드려야 우리가 복을 받지 않겠어요? 만약 내가 흔들리면 사울처럼 버림받으면 어떻게 합니까? 이렇게 나의 옛 생활의 근거를 남김없이 없애야 나를 지킬 수 있기 때문이에요."

그러자 남편은 기가 막히다는 듯이 "당신 마음의 결단이 중요한 것이지 악보가 당신을 움직이는 것이 아니야. 당신이 이런 식으로 행동하니까 남들이 당신을 생각할 때 미쳤다고 하는 거야"하고 쏘아붙였다.

이렇게 악보를 다 찢는 동안 서로 실갱이를 하느라고 밤잠을 설쳤다.

악보를 남김없이 다 찢고(진멸)나니 새벽이 되었는데 발 디딜 틈도 없을 정도로 방안 가득히 찢어진 악보 조각들로 가득 차 있었다.

이 상황을 남들이 본다면 분명히 미친 행동임에 틀림없다.

남편은 못말리는 아내 행동에 속이 상해서 화가 난 채 말도 없이 일찍 출근했다.

가수가 연예생활을 하기 위해서는 3대 무기가 있다.

그것은 악보와 의상과 무대이다.

이렇게 가수에겐 악보도 재산이지만 그보다 더 큰 재산은 무대 의상이다. 무대 의상은 일반 의류와 비교도 안되는 엄청난 가격의 값비싼 옷들이다.

의상이 없으면 무대에 설 수 없고, 그것도 한두 벌 가지고는 무대 생활은 어림도 없다.

나는 외국 무대 생활, 8군 무대 생활, 또 일반 밤무대 생활, 그리고 방송 출연을 위한 의상 등 다양한 무대 생활을 위해서 많은 의상이 필요했던 것이다. 따라서 오랜 세월의 무대 생활로 인해 나는 의상이 무척 많았다.

그래서 우리 집에는 무대 의상 방이 따로 하나 있었다. 그 방은 의상과 무대 출연을 위해 필요한 소도구나 구두, 액세서리 등 나의 재산들을 모아둔 방이 있었다.

나는 또 그 방을 들여다보면서 생각했다.

'어떻게 할 것인가?'

비싼 의상들을 찢어 버릴 수는 없었다. 차라리 동료 연예인들에게 주는 것이 좋을 것 같았다. 그래서 사이즈가 비슷한 가수들에게 나눠 주기도 했었는데, 각자 취향이 다르기 때문에 나의 취향의 디자인을 다 좋아하는 것은 아니었다.

디자인이 자기 마음에 드는 것만 골라갔는데도 그래도 많이 남아 있었다. 디자인이 너무 야한 옷이기에 일상복으로 입을 수도 없는 것들이었다. 그래서 의상 방을 없앨 마음으로 그 비싼 의상들을 이민 궤짝 같은 큰 나무 박스를 만들어서 차곡차곡 쌓아 넣어서 내 눈에 보이지 않는 지하실에 넣어 두었다.

누가 필요한 사람이 있으면 가져가게 해놓았다.

그런데 시간이 얼마 흐른 뒤 어느 날,

후배 가수가 의상이 필요하여 가지러 온다기에 지하실에 있는 의상들을 통풍시켜야 할 것 같았다. 그래서 지하실로 내려가 궤짝을 열고 바람을 쏘이려고 하나씩 꺼내 마당에다 널기 시작했다. 그런데 옷을 꺼낼수록 이상한 냄새가 나는 것이었다.

'어머! 이게 왠 인인가!'

그 비싼 의상들이 썩고 있었다. 폴리에스터 종류의 의상은 그냥 냄새만 배어 있는데, 실크 종류와 면 종류의 의상들은 모두 시커멓게 썩어 있는 것이었다.

돈으로 생각해도 얼마나 아까운지 모른다. 내가 애지중지 아끼고 아꼈던 의상들이다. 그 의상들은 오랜 세월 나와 함께 동거동락했던 나의 분신과 같은 의상들이 아닌가 그래서 친구 동료들에게 나눠 주려 했던 것이다. 그런데 이 지경이 되어버린 의상들을 바라보고 있노라니 꼭 내가 그 의상들을 배반한 것 같은 마음이 들었다. 그리고 그 의상들을 이렇게 처참하게 만들어 버린 것 같았다.

그 의상들이 지하실 창고 궤짝 안에서 나를 얼마나 원망했을까. 그 의상들에게 미안하고 불쌍한 마음까지 드는 것이었다.

"오직 너희를 위하여 보물을 하늘에 쌓아두라 거기는 좀이나 동록

썩은 의상들을 보는 순간 어떻게 표현할 수 없는 아픔이 밀려왔다. 내 몸의 한 부분이 찢어지고 썩는 것 같은 아픔을 느끼기까지 했다.

악보도 그렇지만 의상들은 연예계 생활의 잊을 수 없는 갖가지 추억이 배여 있는 것들이다. 대부분은 세상의 즐거움이지만 노래하는 행복한 순간들을 내 몸과 함께 지냈던 옷들이었다. 그러나 내 인생의 방향이 완전히 달라지니 그만 쓸모없는 쓰레기가 되어 나에게 버림받게 되었던 것을 생각하니 의상들에게 정말 미안한 마음이 한동안 가시지 않았다.

결국은 그 많은 의상들을 모두 쓰레기통에 버렸다.

그래서 쓰레기를 수거하는 미화부 아저씨에게 수고비를 주면서 몽땅 가져가도록 부탁했다. 그 아저씨는 좋은 옷을 이렇게 버리는 것에 대해 몹쓸 사람이라고 얼마나 많은 욕을 했는지….

"아이구, 아까워라! 이렇게 좋은 옷들을 이렇게 만들어 버리다니…."

그러면서 썩은 것을 보면서 또 욕을 하기 시작했다.

"아니 비싸게 보이는데, 이 옷들을 이렇게 썩도록 관리하다니 돈이 썩어나가네. 남편이 벌어다 주면 저렇게 하니 어떤 남편인지 골이 빠지겠군"

그 아저씨는 어찌된 영문인지 모르고 치우면서 그냥 욕스런 말만 계속하고 모두 수거해 갔다.

그때 의상을 모두 처리하면서 내가 느낀 것은, 아무리 비싸고 값진 것이라고 해도 세상의 것들은 결국 썩어질 것이라는 것을 깨달았다. 그리고 세상의 것들은 결코 영원한 것이 하나도 없다는 것을 또한 깨달았다. 어떤 좋은 것이라도 만들어진 그 시간부터 썩어져 간다는 것을 말이다.

내가 그 의상들에 미련이 있어서 또 나중에 쓰려고 모아 둔 것은 결코 아니다.

처리할 방법을 생각지 못하고 쌓아두었던 것인데, 주님께서는 그것조차도 기뻐하지 않으셨던 것이다. 그것을 주님께서는 곰팡이를 사용해서 (진멸) 처리하신 것을 깨닫게 된 것이다.

"네 하나님 여호와께서 네게 붙이신 모든 민족을 네 눈이 긍휼히 보지 말고 진멸하고 그 신을 섬기지 말라 그것이 네게 올무가 되리라"(신명기 7:2).

하나님께서 우리에게 요구하시는 것이 있다면 만약 그것이 버릴 것이든, 또는 떠날 것이든, 그것이 주님께 드릴 것이든, 어떤 것이든 그것이 온전히 이루어질 때까지 하나님은 기다리신다. 그리고 될 때까지 친히 주님의 방법으로 해결하시면서 원하시는 그 뜻을 이루어 가시며, 하나님의 일꾼이 되도록 계속해서 우리 인생을 빚으시고 조율하신다는 것을 확실하게 깨닫게 되었다.

20

큰 유혹 앞에서

그 당시에 한국에는 한참 관광 붐이 일고 있었다. 그래서 초대형 호텔들이 서로 앞다투어 여기저기에 세워지고 있었다. 호텔이 세워지면 객실뿐만 아니라 쇼핑센터와 여러 곳의 레스토랑과 또 유흥과 쉼을 위한 무대와 공간들이 들어서게 된다.

이렇게 새로 오픈하는 무대에는 간판 가수가 꼭 필요했다.

그 당시 호텔 무대는 외국 손님이 대부분이기 때문에 외국 곡을 부를 수 있는 가수가 섭외된다 그런데 앞에서 말한 바와 같이, 그 당시에는 이런 큰 호텔 무대에 설 수 있는 가수는 정말 손에 꼽을 수 있는 몇 명뿐이었다. 가요를 부르는 가수들은 유명해도 그런 무대에는 맞지 않았기 때문이다. 왜냐하면 대부분 외국곡을 불러야 할 뿐 아니라 인사말과 진행까지 해야 하기 때문이다.

큰 호텔에서는 무대를 오픈할 때 선전 광고를 위하여 대형 가수를 단기간 섭외한다. 그리고 오랜 기간 세워질 전속 가수(?)를 섭외하여 계약한다.

그런데 서울에서 S호텔이 완공되고 첫 무대를 오픈하게 되었을 때의 일이다. K모 가수를 일주일간 출연시키고 난 다음, 장기간 출연 교섭이 나에게 왔던 것이다. 호텔 측에서는 내가 오랜 동안 호텔활동을 했기에 장기 계약에 제일 적합하다는 결론이었다. 호텔가에서 오랫동안 무대생활했던 것을 관계자들은 잘 알고 있었기 때문이다. 그래서 나에게 그 무대가 낙찰된 것이다.

호텔 관계자가 나를 만나서 출연에 대해 얘기하자고 했다. 그것은 출연료와 조건을 제시하기 위함이었다. 한편으론 내 마음에 구미가 당기는 것을 느끼고 있었지만, 나는 선뜻 대답할 수가 없었다.

그때는 이미 계약되었던 스케줄을 다 정리하고 세상 무대는 끊은 상태였다. 악보와 의상도 이미 다 처리된 상태였기 때문에 나는 조심스럽게 생각하며 말했다. 참으로 말릴 수 없는 인간의 본능적인 욕망이 또 내 속에서 꿈틀거리고 있었다.

"만나기 전에 우선 출연료와 조건을 알려 주십시오."

그랬더니 그곳의 조건과 제시하는 출연료의 정도를 말해 주었다. 그리고 조정이 가능하다고 했다.

조정하기 전에 제시하는 금액인데도 상당히 높은 출연료였다.

'내가 연예계를 떠난 지 얼마 안 되었는데, 그 사이에 출연료가 이렇게 오를 수 있나?'

그러나 최고의 호텔이고, 최고의 무대이기 때문에 내가 더 흥정할도 수 있었다. 우선 시작부터 그 조건이 마음에 들었다.

그런데 그 순간에는 내가 하나님께 서원한 사실을 까맣게 잊고 있었다. 그들이 제시한 조건과 그 큰 무대가 쉽게 나를 포로로 만들었다. 그 상황은 나에게 달콤한 유혹의 미끼가 되었던 것이다.

나를 실족시키는 올무라고는 생각하지도 않고 며칠 생각해보고 연락하겠다고 한 후 전화를 끊었다.

나는 사단이 던진 미끼를 덥석 물고 있었다.

'이게 왠 떡인가!'

한국에서는 그야말로 한두 명 간판 가수를 제외하고는 그 당시 이런 출연료를 주는 무대가 없었다.

그 당시 한국은 전략적으로 관광 사업을 추진하고 있어서 관광 사업이 활기를 띠기 시작한 때였다. 그래서 많은 호텔들이 호텔을 증축 또는 개조하던 때였다.

지금 이 호텔도 역시 관광단을 유치하기 위하여 야심만만하게 새로 지어진 한국 제일의 호텔이었다. 건축은 한국적이었으며 최신 시설과 한국 최고의 요리사와 식당, 최고의 무대와 최고의 연예인을 세우는 호텔이었다.

나는 혼돈 속에 빠지게 되었다.

이 정도면 어떤 가수도 출연하기를 간절히 원하는 무대였다,

내가 여기에 간판 가수로 출연한다는 것은 나에게 명예이며 대단한 기삿거리가 되는 것이다.

나는 얼마 전에 세상 스케줄을 다 끊을 때 내 의상과 수많은 악보들을 다 정리했었다. 의상과 악보가 남아 있으면 또다시 마음이 변해서 세상 무대로 쉽게 나갈 수 있기 때문이었다.

가수에게는 악보와 의상이 큰 재산이라고 말하지 않았나!

내가 악보와 의상을 다 버릴 때는 내 마음을 주님의 십자가에 묶어 놓는 결단의 행위였다. 그런데 이런 상황에서 최고의 조건으로 큰 섭외의 유혹을 받게 되었던 것이다.

지금은 비록 악보와 의상을 다 버렸지만, 당장 출연할 의상과 악보들은 장만할 수 있는 넉넉한 계약금과 출연료였기 때문에 모든 것이 가능한 상태였다. 계속 월급을 받아 가면서 차차 악보와 의상을 더 마련해서 출연하면 될 테니까…. 이 기회에 새로운 디자인의 새 의상을 해 입는 것도 기분 좋은 일이었다.

내 마음은 이미 그 호텔 무대에 빼앗기고 끌려가고 있었다.

착각은 자유이다.

주님을 향한 변함없는 나의 신앙심을 아시므로 주님께서 특별히 주신 또 다른 기회인가 생각했었다.

나는 주님의 딸이지만 가수니까 이렇게 좋은 무대를 주신 것은 하나님의 특별한 은혜라고도 생각했다.

한순간에 내 중심적인 해석으로 깊은 착각의 늪에서 허우적거리고 있었다.

주님께서 세상에서도 나를 높여 주시고 특별한 사람으로 대우받도록 하신다고 생각했다.

그리고는 기도했다.

"주님, 감사합니다. 나에게 이토록 큰 은혜를 주시고 최고의 무대를 주심을 감사합니다."

이런 식으로 기도하면서 오프닝 무대에서 부를 곡들을 선곡하고 있었다.

그런데 내 마음 한 구석에서는 뭔가 내 행동이 이상하고 위험하게 느껴지는 것이 있었다.

'혹시 내가 잘못하는 것이 아닌가?' 하는 마음이 나를 무겁게 하는 것 같았다. '절호의 기회로 찾아온 행운'같은 이 섭외를 놓치는 것은 아닌가?'

그래서 담임 목사였던 하용조 목사님께 전화로 기도를 부탁했다.

"목사님, 며칠 있으면 S호텔 출연을 위해 계약하러 가는데 제 마음이 왠지 편하지가 않군요. 한국에서는 최고의 무대에 오프닝 가수로 출연한다는 것은 대단한 영광인데 어떻게 해야 옳은지, 출연 계약을 해야 하는지, 하지 말아야 되는 것인지, 저 혼자 결정하기가 참 어렵습니다. 기도를 해주시고 응답을 받아 주세요."

이렇게 말을 하면서 한쪽 내 마음으로는 은근히 "마음에 부담 느끼지 마시고 출연하십시오, 가수직은 집사님의 생업이니까요. 걱정 말고 하십시오"라고 답변이 나오기를 기대했는지도 모른다. 그리고 출연해도 된다는 확인을 받고 싶었다. 결국 출연하고 싶은 마음이 있었던 것을 속일 수 없었다.

만약 목사님이 출연을 허락하는 것 같은 답을 하신다면 내 마음이 큰 위로가 될 것 같았다. 출연하더라도 "목사님이 이렇게 말했어"라고 말하면서 정당한 이유가 될 수 있기 때문이다.

그랬더니 하 목사님의 말씀은 "기도합시다" 이 한마디였다.

이 말은 나에게 만족스런 대답이 아니었다. 차라리 하라든지, 하지 말라든지, 어떤 양단간의 확실한 대답을 듣고 싶었다.

답답하기까지 했던 마음 상태에서 며칠이 지났는데 내일이면 출연 계약을 해야 되는 날이 되었다.

내 마음대로 할 수 없었던 것은 내가 하나님께 서원했다는 마음의 부담감 때문이었다.

그런데 전날 밤, 하 목사님으로부터 전화가 왔다.

"방 집사님, 하나님의 응답을 받았어요."

나는 기분이 상기되었다.

"네, 어떻게요?"

"성경 요한계시록 3장 7-13절을 하나님께서 응답으로 주셨습니다."

연예인 교회 시절

나는 물었다.

"출연하라는 응답이예요?"

그러자 목사님은 "기도하면서 말씀이 주시는 응답을 받으시고 마음에 결정하세요"라고 대답하고 전화를 끊었다.

나는 흥분된 마음으로 그 성경 구절을 읽어 내려가기 시작했다. 내 마음은 이미 출연할 것을 마음에 두고 있었기 때문에 다만 확인을 하고 싶은 심정이었다. 그래서 성경책을 펴서 꼼꼼히 구절을 읽어 내려갔다.

그 의미를 깨닫기가 나에게는 어려웠다.

도대체 내가 어떻게 그 말씀들을 해석해야 할까.

그래서 또 읽고 또 읽었다. 그랬더니 응답으로 느껴지는 구절들이 보이는 것 같았다.

"볼지어다 내가 네 앞에 열린 문을 두었으되 능히 닫을 사람이 없
으리라 내가 네 행위를 아노니 네가 적은 능력을 가지고도 내 말
을 지키며 내 이름을 배반치 아니 하였도다."

여기에서 보면 "열린 문을 두었으되" 이 말씀을 무대 출연을 위하
여 나에게 문을 열어주신 것으로 생각했고 "닫을 사람이 없으리라"
는 이 무대는 아무나 설 수 있는 무대가 아니고 나에게 주신 무대
로 생각했다. 즉 그 무대는 당연히 나의 독무대인 것이 확실했다.
　이것은 주님을 향한 변함없는 나의 신앙을 뜻한 것이며, 내 신
앙을 칭찬하신 것이라고까지 착각했다. 그러면서도 서원한 것에
대한 생각은 어디로 사라져 버린 것이다. 그리고는 마음이 들떠
있었고 신나서 또 읽어 내려갔다.

"내말을 지키며 내 이름을 배반치 아니 하였도다."

이 말씀은 하나님께 고정된 나의 신앙의 진실함을 칭찬하는 것
으로 생각했다.

또(11절) 말씀이다.
"내가 속히 임하리니 네가 가진 것을 굳게 잡아 아무나 네 면류관
을 빼앗지 못하게 하라."

그렇다. 이 최고의 무대는 누구나 서기를 원했고 경쟁도 치열한

무대인 것이다. 이 무대에 섰다는 것 자체가 그 사람의 간판과 명예가 되기 때문이다. 그래서 나에게 주어진 기회와 명예를 누구에게도 빼앗기지 않도록 잡으라는 뜻으로 생각했다. 그래서 꼭 응답받은 기분으로 "주님, 감사합니다"라고 기도하고 하나님의 응답이라고 생각했다.

나는 이 말씀들이 너무 귀중한 말씀들이라서 읽고 또 읽고 생각했다. 그런데 밤 깊은 시간이라 자야겠다고 생각할 때였는데, 내 마음속에 번개같이 번쩍이는 깨달음이 있었다.

그것은 바로 '면류관'이었다.

나는 그것을 세상 명예와 돈으로 생각했는데 면류관은 세상에 있는 것이 아니었다. 면류관은 하늘나라에 있음이 깨달아진 것이다.

나는 이 귀한 영적인 말씀을 세상적으로 바꾸어서 해석하려는 미련한 짓을 하고 있었던 것이다.

그러고 나니 "내 말을 지키며 내 이름을 배반치 아니 하였도다"는 말씀이 나를 향해 쏘고 있는 것 같았다. 그것은 주님의 이름을 배반하지 말고 서원을 지키라는 뜻이었다.

서원을 지키며 세상의 명예와 돈으로 주님을 배반치 말라는 명령이 음성처럼 내 마음을 때리고 있는 것이다.

말씀이 깨달아지고 나서 나는 표현할 수 없는 혼돈에 빠지게 되었다.

"주여, 이것이 무슨 뜻입니까?"
내 가슴이 답답하며 조여 들어오는 것을 느꼈다.

내 마음은 또다시 세상의 돈과 명예의 유혹에 완전히 빠져 마비 상태가 된 것 같았다.

하나님께 서원했던 내 신앙은 미성숙한 상태였기 때문에 이런 큰 유혹 앞에서 정신을 잃을 것 같았다. 그것이 당시 내 신앙의 상태였다.

그렇게 뜨거운 마음으로 주님께 헌신하고 다시는 뒤돌아보지 않기를 결단하고 기도했던 나였는데….

또다시 사단의 유혹에 휘둘리고 있었다.

이전보다 더 멋지고, 더 크고, 더 많은, 그리고 더 높아질 것 같은 미끼에 그만 콱 물려 버렸던 것이다. 물론 세상적으로 볼 때 많은 돈과 명예를 얻게 되는 것은 두말할 필요 없는 좋은 기회임에 틀림없었다.

예수님께서 공생애를 시작하시기 전에 사단에게 유혹받으셨던 것이 생각났다.

예수님은 말씀으로 강력하게 사단을 물리치셨는데, 나는 제대로 변화되지 못한 부끄럽고 연약한 신앙임을 그대로 증명하고 있었다. 나는 아직도 세속의 냄새가 빠지지 않은 사람이었다.

그러면서도 혹시 너무 외골수적인 지나친 해석은 아닌가 하여 또 읽어보고 또 생각하고….

나중에는 눈물만 나왔다.

그것은 회개의 눈물이 아니고 진퇴양난의 수렁에서 헤어 나올 수 없는 고통의 몸부림이었다. 그리고 버리기 아까운 미련의 눈물이었다.

'서원기도가 이렇게 힘든 것이로구나!' 하는 생각도 하였다.

서원했다는 내가 벌써 몇 번이나 실족할 뻔한 위기가 있었는가. 나에게 하나님이 서원을 시키신 것을 생각하니 내 마음대로 할 수 없었던 내 상황이 미치도록 안타깝기까지 했었다.

이렇게 힘든 마음으로 밤을 지새우면서 하늘나라와 세상을 몇 번이나 왕복 여행을 했는지 모른다.

강원도 모 부대 장병 교회

아침이 되어 하 목사님께 전화를 걸었다. 밤사이에 있었던 나의 힘든 상태와 말씀으로 응답받은 것에 대해서 '혹시 내 생각이 잘못된 해석이 아닌가?' 해서였다.

받은 말씀을 자세히 분석해서 말했더니 "할렐루야" 하시는 것이다.

할렐루야를 들어도 나는 한쪽으로는 마음이 심히 괴로웠다.

그런데 서원한 것은 끝까지 갚아 드려야 한다는 것이다.

하 목사님은 내가 믿음이 확고한 상태가 아님을 아시고 기도하고 응답을 받으라고 말씀하셨던 것이다.

지금 생각하면 상당히 지혜로운 답변이었고, 성령님의 역사하심에 맡겨 드렸던 답변이었다. 응답의 결과를 확신하는 믿음으로 그 문제를 해결하도록 인도하셨던 것이다.

호텔 관계자에게 전화하는 날이 되었는데 기분이 좋지만은 않왔다.

나는 아침 11시 약속 시간에 나가지 않고 관계자에게 전화를 했다. 어떻게 말을 해야 할지 걱정이었다.

그래서 우물우물하면서 그냥 이런저런 사정이 있어서 출연할 수 없다고 했더니, 이제 와서 거절하면 어떻게 하느냐고 화를 내면서 전화를 끊었다. 왜냐하면 오픈 날짜 며칠 전이기 때문에 마땅한 출연자를 섭외하기가 힘들었기 때문이다.

그런데 한참 있다가 전화가 다시 왔다. 만나서 얘기하자고 했지만 그래도 나는 거절해야만 했다. 그는 계속 만나자고 하면서 출연료를 파격적으로 올려서 계약하자는 것이었다. 그가 생각하기를 내가 출연료를 흥정하기 위해 밀당을 하는 것으로 생각했던 것 같았다.

내 맘속으로 생각하기를 흥정으로 말하면 기가 막힌 흥정인데 하는 마음이 또 들었다.

그러나 나는 더 이상 승낙을 할 수가 없었다.

그래서 내 개인 사정으로 할 수 없다고 단호히 거절했더니 그때는 나에게 욕설을 퍼부어었다.

"야! 너 정말 미쳤구나!"

돌연 막말이 터져 나오고 온갖 욕스러운 소리를 퍼부어댔다.

나는 "미안합니다" 라는 소리를 뒤로 남기고 전화를 끊었다.

나는 무엇인가 몽땅 빼앗긴 허전하고 텅빈 마음이었다.

괜히 마음을 빼앗기더니 세상에서 욕만 먹고 머리가 '띵' 한 것 같았다. 하나님의 말씀을 응답으로 받기까지 얼마나 많은 계획과 화려한 무대를 꿈꾸며 설계했었나?

그렇게 허황된 꿈에 빠져 있었던 시간들이 한순간에 물거품처럼 빠져나가고 나니 나는 넋을 잃은 사람처럼 되어 버렸다.

또 몽둥이로 한 대 크게 얻어맞은 사람처럼 멍청하게 되었다.

나는 그때 흔들렸던 내 마음을 달래며 추스리며 정리하는 기도에 들어갔다.

휘황찬란한 꿈속에서 깨어 나오는 기도, 또 조금이라도 미련이 남지 않기를 바라는 기도, 그래서 좀 더 믿음이 든든하여 유혹을 받지 않는 단단한 믿음을 위하여 기도했다.

나는 믿음이 있는 상태에서 서원한 것이 아니었다.

오직 하나님의 강권적인 성령의 역사하심에 의해 이루어진 서원이었기 때문에, 이렇게 흔들리고 실족하게 될 뻔한 경험을 하게 되었던 것이다. 또한 내가 강한 유혹에 넘어가지 않은 것도 내가 할 수 있는 믿음에 의해서가 아니었다.

하나님의 말씀으로 깨닫게 하신 성령님의 강력한 힘으로 서원을 지킬 수 있었던 것이다. 그러나 사단은 그의 지배하에 살던 사람을 다시 빼앗기 위해 무지개 전략을 가지고 접근했다.

예전보다도 훨씬 더 큰 미끼로 유혹한다는 사실이다. 나는 체험적으로 사단의 유혹의 전략을 확실하게 보게 되었다. 그러나 성령님께서 연약한 나를 실수하지 않도록, 또다시 하나님께 범죄하지 않도록 말씀으로 지켜 주심에 항상 감사했으며 말씀에서 떠나지 않으려 최선을 다했다.

"돈을 사랑함이 일만 악의 뿌리가 되나니 이것을 사모하는 자들이 그렇다. 생각해야 할 것은 믿음을 가진 사람들이 세상적으로 더 잘된다고 좋아만 할 것이 아니다. 그 속에 나를 쓰러뜨리려는 미끼가 있다는 것을 생각해야 한다. 돈 잘 벌고 잘 나갈 때 믿음이 떨어지고, 교회에 대한 열심이 식어진다는 것을 알아야 한다.

그리고 하나님 사랑하는 마음이 점점 희석되면서 결국 믿음에서 떠난 사람들이 얼마나 많은가.

"…대적에게 훼방 할 기회를 조금도 주지 말기를 원하노라 이미 사단에게 돌아간 자들도 있도다"(데모데전서 5:14-15).
"근신하라 깨어라 너희 대적 마귀가 우는 사자 같이 두루다니며 삼킬 자를 찾나니 너희는 믿음을 굳게 하여 저를 대적하라 이는 세상에 있는 너희 형제들도 동일한 고난을 당하는 줄을 앎이니라"(베드로전서).

21

인격이 변화되는 과정

나는 믿음이 연약한 사람이었으며, 아울러 신앙 인격도 성숙하지 못한 부끄러운 사람이었다. 뿐만 아니라 사고방식도 쉽게 변화되지 않았고, 생활도, 옛 습관도 쉽게 버려지지 않았다. 그래서 나도 힘이 들었고, 때로는 남도 힘들게 했던 참 까다로운 성격의 사람이었다.

신앙생활은 중생한 그 순간부터 성령의 인도하심을 받아야 하며, 또 그 은혜로 말미암아 날마다 변해 가는 삶을 살아야 한다. 만약 변하지 않고 그 자리에 머물러 있다면 그 사람은 기형 신앙이 되고 말 것이다.

그런데 실제로 모든 사람이 성숙한 신앙 인격이 되기까지는 상당한 시간이 필요하다. 나도 역시 중생하고 난 뒤 성숙을 위해서 많은 시간이 필요했던 사람이다. 그러니 옛 모습 그대로 변화되지 못한 상태에서 얼마나 힘든 일들이 많았겠는가.

먼저 나는 인내심이 부족한 사람이었다.

기다린다든가, 참는다든가 하는 것은 나에게 기대할 수 없었고 상상도 할 수 없는 일이었다. "우물에서 숭늉 찾는다"는 말처럼 내가 원하는 것이 있으면 당장 그 자리에서 해결을 봐야 하는 성격이었다. 우리가 어떤 상대와 대화하다가 마음이 불편하던가 기분이 나쁠 수가 있다. 그런데 만약 그런 상황이 되면 나는 속사포로 응답하면서 그대로 내 감정을 분출시키곤 했었다.

예수 믿고도 나는 내가 가진 성격, 그 모습 그대로 생활 하였다. 이런 모습으로 신앙생활하면서 주변 사람들을 얼마나 불안하게 했는지…. 그러나 하나님께서는 나를 만드신 분이기에 나보다도 내 상태를 더 잘 아신다.

"사람의 행위가 자기 보기에는 모두 깨끗하여도 여호와는 심령을 감찰하시느니라"(잠언 16:2).

나를 아시는 주님께서 서서히 나의 그릇된 생각과 잘못된 성격들을 고치기 시작하셨다.

예수 믿는 사람들의 특권은 하나님과 교통하는 것이다. 그것은 곧 기도인데 이 기도가 나를 서서히 변화되도록 만들어 주었던 것이다.

세상에 자존심 없는 사람은 아무도 없을 것이다. 역시 나도 자존심을 중요하게 생각했는데 좀 지나치도록 강한 사람이었다. 자존심이 강한

'새롭게 하소서'에서 송재호 장로님과

사람이 고집이 무척 세다는 것은 우리 모두 아는 이야기이다. 내 고집을 꺾을 사람은 하나님 외에는 아무도 없을 것이다.

나는 예수 믿기 전에도 비교적 착하게 바른 생활을 했다고 말할 수 있다. 어려서부터 가정교육을 받을 때 정직함과 진실함에 대해서 철저히 교육을 받았다. 그래서 내 기준에 맞지 않으면 대인관계라든가 생활적인 면에서 나는 무척 괴로웠다. 어떻게 보면 정신적, 생활적으로 결벽증 같은 상태이기도 했다.

그런 생각이 너무 병적일 정도로 어느 때는 내가 지나친 것 같다고 생각하면서도 나를 어떻게 할 수 없는 그런 상태였다.

이런 상태에서 교회 생활을 하는데, 성도들과 교제 하는 것도 힘든 것은 마찬가지였다. 내 기준에 맞는 잣대로 교제할 사람을 찾으려고 하니 없는 것이다.

그래서 나는 교회에 나가도 입을 꼭 다물고 교제하지를 않았다. 어찌되었든 나의 사고방식과 생활 코드가 맞지 않는 사람들과는 어울리기가 싫었던 것이다. 그런데 다행스러운 것은 기도 모임 등에 참석해서 함께 기도하는 일은 열심히 하였다.

기도하는 일은 그들의 상황과 나와는 관계가 없기 때문이다.

이런 모임은 각자가 하나님과의 관계를 이루기 위해 나오고, 신앙의 훈련이기 때문이다. 그리고 자기가 응답받고 은혜 받은 일을 간증하는 시간도 갖게 되었는데, 그 시간은 유익하게 생각되었다.

그래서 이런 모임은 나에게 큰 문제가 없었다.

나는 은혜를 받기 위해 유명한 기도원에도 찾아가고 부흥회도 찾아다녔다. 이런 생활을 하는 중에 나도 모르게 교만의 턱이 무너지게 되는 것을 느낄 수 있었다. 그리고 성도와의 교제의 문턱도 점점 낮아지게 된 것이다.

기도하고 찬양하면서 굳었던 마음이 녹아지게 되었다.

또 기도하면서 깊은 은혜를 체험했고, 성경 공부를 통해 내 심령의 흉한 모습을 보게 되었다. 내 문제가 무엇인지 알게 되었고, 나의 형편없는 상태를 발견하게 되었다.

참 재미있는 것이, 나는 이렇게 훈련되지 못한 상태에 있었는데도 전국적으로 집회를 다녔다. 방은미가 예수 믿었다는 이 사실 하나가 많은 사람들의 관심거리가 되었기 때문이다.

지금 생각하면 참으로 얼굴을 들 수 없는 상태인데 말이다.

옛사람의 나와 하나님의 자녀로서의 나, 나는 이렇게 두 얼굴을 가지고 생활했다. 그러나 하나님은 그럼에도 불구하고 나를 점점 더 주의 일꾼으로 빚으시고 계셨다. 어떤 때는 간증시간에 성령께서 내 자신을 참으로 비참하게 될 정도로 고발시켰다.

양심 고백과 같은 증거, 이렇게 까다로운 나를 시인하고 고백시키면서 회개의 눈물을 흘리게 하시고, 부끄러운 모습, 하나님 앞에서 함부로, 제멋대로 행했던 것을 적나라하게 고백하게 하셨던 것이다.

이토록 성령님께서는 나의 숨겨진 속사람의 실체와 까다롭고 골치 아픈 성격을 진솔하게 고백하게 함으로 옛 습관, 옛 생활, 옛 사람을 내 입으로 시인하고 회개하게 하여 끊게 하신 것이다. 이렇게 나를 서서히 고치시고 인도하시는 성령의 틀 안에 내가 점점 교정되는 것을 체험할 수 있었다.

아울러 나는 더욱더 변화되기를 위해서 열심히 기도했다.

나의 문제가 무엇이라는 것을 깨닫고 나니 변화되기 위해서는 자존심부터 죽이는 것이 숙제라고 생각했다.

그런데 자아를 죽이는 것이 무척 힘들었다.

그리고 어떤 이웃이든 내 마음에 용납하는 것이 무척 힘들었다.

현대조선 직원 예배

그러나 기도 중에 확실한 깨달은 것은 나같이 부끄럽고 골치 아픈 사람도 받아 주신 예수님을 생각했다. 그러면서 이웃을 이해하고 용납하는 폭넓은 마음이 되도록 인도하시는 것을 느낄 수 있었다.

사람을 변화시키는 것은 어떤 것으로도 할 수 없고, 오직 예수님의 말씀과 성령님의 능력으로만 가능케 된다는 것을 확실하게 체험하게 되었다.

이렇게 점점 변화되는 내 모습을 보면서 남편도 역시 변화되기 시작했다.

나는 생각해 본다.

우리는 인간관계에 문제가 있으면 "너 때문이야!"라고 쉽게 말한다. 그런데 사실 나도 예전에는 내 잘못은 하나도 없는 사람처럼 생각했었다. 그래서 모든 것이 "너 때문이야!"라고 말했다.

이런 나를 누구도 이길 수 없었던 것이다.

그런데 이제는 어떤 일의 잘잘못이 보일 뿐 아니라 그런 일들이 큰 문제가 아닌 것을 알게 되었다. 실상 우리 인생에 죽고 사는 문제 외에 무엇이 그렇게 큰 문제이겠는가. 그래서 정말 주님께서는 생명에 관한 문제, 즉 영혼 구원의 문제를 제외하고는 나에게 큰 문제가 되지 않게 해주셨다.

그리고 어떤 일이 생기면 현실적인 것으로, 또는 감정적으로 반응하는 습관을 버리게 되었다. 우리는 오늘 하루도 하나님께서 은혜로 주신 시간 속에 살고 있다. 그래서 이제는 인간적으로, 또는 현실적으로 손해가 될 만한 일이 있어도 그 속에 하나님의 뜻이 있다고 생각하고 그대로 감당한다.

이렇게 생활하니까 내 신앙과 인격이 여유 있는 모습으로 변하게 되었다. 이러한 영적인 변화를 경험해 보지 않으면 이 상황을 이해하지 못할 것이다.

변화는 내가 하는 것이 아니다.

변화는 내 속에서 역사하시는 성령님의 확실한 은혜이다.

아무튼 우리는 변화를 받아야 한다.

나를 이렇게 변화시키신 분은 오직 성령님의 도우심과 주님의 능력인 것을 고백한다.

우리를 변화시키고 아름답게 하시는 분은 주님이시다.

그 놀라우신 주님을 높이며 찬양한다. 할렐루야!

"그런즉 누구든지 그리스도 안에 있으면 새로운 피조물이라 이전 것은 지나갔으니 보라 새것이 되었도다"(고린도후서 5:17).

22

하나님의 부르심이 시작되다

나는 이미 주님께 서원한바 있는 주님의 여종이다. 그래서 하나님께서 나의 잘못 길들여진 인격을 다스리시고, 잘못 생활했던 옛 생활도 버리도록 역사하셨다.

또한 힘든 가시밭길을 걷는 듯, 참으로 어려운 종의 길을 가게 하기 위해서 주님이 주시는 연단도 받았다. 그러는 가운데 하나님께서는 본격적인 종의 수업을 받게 하셨다.

이제는 연예 생활을 모두 끊고 열심히 주의 일에 전념하고 있을 때였다. 나는 집회도 열심히 감당했지만 아울러 내 사역을 위해서 기도생활도 열심히 했었다.

어느 날 내가 지금까지 집회 활동하는 것이 무엇인지를 생각하게 되었다.

그 당시에는 연예인 교회 집사로서 활동하고 있었다. 그리고 말씀에 대한 지식도, 교리에 대한 아무 지식도 없었다. 오직 하용조 목사님께 받은 성경공부가 전부였다.

하 목사님은 나와 평신도 사역을 하는 우리들에게 특별히 어떻게 전해야 하는지 가르쳐 주셨다. 받은 은혜를 간증하며 집회를 인도하는 사람이 먼저 구원의 확신이 없으면 증거할 수 없다는 것이었다.

'변화되지 않은 사람이 무슨 말씀으로 하나님의 구원과 받은 은혜를 전하겠는가?'

만약 변하지 않은 상태로 집회를 다닌다면 하나님 앞에 거짓 증거자가 된다고 하셨다. 뿐만 아니라 이것은 사람들 앞에서 거짓 행위이며 위선행위가 될 것이라는 뜻이다.

나는 내 입술의 증거대로 구원받은 자의 삶을 살기 위해 날마다 말씀에 순종하는 훈련을 하였다.

어떻게 보면 내가 이만큼 변화된 것도 내가 증거했던 그 간증에 책임을 지기 위한 노력의 결과가 아닌가 생각해 본다.

하나님은 지금도 불꽃 같은 눈으로 내려다보시고 시퍼렇게 살아 계신다.

그 하나님 앞에서 어찌 거짓 삶을 살겠는가!

정말 간증 사역자들이 전하는 입술의 말은, 곧 하나님의 은혜의 열매이다. 한 마디 한 마디에 하나님의 은혜가 엑기스처럼 묻어 나와야 하는 것이다.

집회 시간은 생명을 낳고 변화되게 하는 시간이다.

나는 두려운 마음이 있었기에 항상 하나님을 의식하며 나를 주님께 묶고 고정시키는 생활을 하였다. 그리하여 내 집회 시간이 거짓 증거가 되지 않기 위해서 참으로 조심스럽게 살았다. 내 삶이 성령의 이끄심에 순종하는 삶으로 진솔한 증거가 되도록 말이다. 그때는 찬양 사역자가 부족한 때이라 무척 바쁘게 사역을 감당해야 했다.

정신없다시피 바쁜 일정을 감당하느라 실상 나의 개인적인 경건이 어떻게 되어가는지 점검하지 못하고 있었다.

간증은 설교와 달라서 매일 같은 사연을 증거하기 때문에 꼭 앵무새와 같은 느낌도 들었고, 내 신앙에 발전이 없는 다람쥐 쳇바퀴 도는 것 같은 영적으로 무의미한 갈증을 느끼기도 했었다.

즉, 증거자로서 나를 다듬고 성숙시키기엔 무언가 내 영혼의 목마름을 느끼게 되었던 것이다.

나는 사건과 사연을 중심으로 주님이 베풀어 주신 은혜와 인도하심을 간증하며 집회를 인도하였다. 모인 회중들은 나의 간증을 흥미 있게 듣고자 하지만 내가 전하는 간증은 흥미 위주가 아니었다.

어떤 간증자들은 코미디언처럼 한바탕 웃기기도 한다.

또 어떤 이들은 비극 배우처럼 한바탕 울리기도 한다.

그러나 나의 간증은 어느 때는 너무 심각하기까지 한 것이다.

일반 교인들이 내 증거 속에 영적으로 들어오지 않으면 하나님의 인도하심과 은혜를 맛볼 수가 없다. 내 믿음이 육안으로 보여지거나 체험에 의한 것이 아니라 생활과 말씀 공부 속에서 하나님을 영적으로 만난 증거이기 때문이다.

과연 그들에게 주님의 은혜를 제대로 전했는가를 생각해 볼 때 참으로 조심스럽고 힘들기까지 했다. 그러나 나에게 주신 시간을 주님께서 인도하시고 역사하셨으리라 믿고 간증을 하였다.

그렇다. 나에게 맡겨주신 그 시간들이 얼마나 귀한 시간인가?

이것이 과연 하나님께서 나를 일꾼 삼아주신 하나님의 뜻이며 하나님의 원하심인가?

언제부터인가 이런 혼돈과 회의가 일어나기 시작했다.

'내가 진정 주의 일꾼인가? 아니면 내가 착각하고 있는 것이 아닐까?'

그러면서 내 마음에 나도 이해 할 수 없는 사역에 대한 부담감이 생기게 되었다. 어떻게 말씀을 전해야 하나님의 영적인 구원의 역사가 일어날 것인가? 구원은 내가 만들어 주는 것이 아니기 때문이다.

그때 광나루 장신대 교수로 계시던 주 선애 교수님과 함께 졸업식 후에

그렇게 생활하던 어느 날, 하나님의 인도하시는 귀한 만남이 있었다.

그때 광나루 장신대 교수로 계시던 주 선애 교수님이 나를 만나자고 하셨다.

당시는 그분이 영락교회 권사님이셨기에 또 어떤 집회 문제를 말씀하시려나 생각했었다.

이런저런 이야기를 하시다가 대화의 방향을 바꾸어 꺼내시는 말씀이 "집사님, 기도하는 중에 방 집사님이 신학을 하면 어떨까 생각했어요. 집사님이 지금 전도를 다니는 데 신학을 하고 주의 일을 하면 정말 힘있게 할 수 있을 텐데요"라고 하시는 것이다.

주 교수님의 말씀을 듣고 나는 하용조 목사님에게 대화 내용에 대해서 상담을 했다.

목사님의 말씀즉 "하나님의 부르심이 있는 것 같습니다"라고 하시면시 신학을 하는 것이 좋을 것 같다고 하셨다.

나는 순간 어떤 강한 느낌 같은 것이 흘러내렸다.

바로 내가 지금까지 고민하고 있던 문제가 여기에서 풀리는 것 같은 마음이 들었다. 물론 신학을 한다고 간증을 더 잘한다는 말은 아니다. 그러나 목말라 하고 있던 중이었는데, 바로 그 목마름의 열쇠가 눈앞에 나타난 것 같았다.

성령님께서 주선애 교수님에게 나를 생각하게 하시고 권유하기에 이르도록 하셨던 것이다.

내가 무척 바쁜 생활 중인데도 하 목사님은 나를 장로회 신학교 연구원에 입학을 시켰다. 그래서 나는 주님의 부르심을 확인하고 다시 재헌신하는 기도를 드렸다.

일본 오사카 목회자 수련회에서

이렇게 하여 나는 그때부터 신학을 공부하면서 사역을 하게 되었다. 그리고 공부하는 것을 무척 좋아하기 때문에 공부하는 일에 신바람이 났다.

사역을 하면서 공부했기에 시간이 부족한 것이 문제가 되어 공부에 지장이 있기도 했다. 그러나 나는 하나님을 좀 더 배울 수 있고 더 알 수 있어서 행복했다. 우리가 사랑하면 그 상대를 더 알고 싶어 하듯 말이다.

우리가 하나님을 믿는 것도 하나님을 제대로 알고 제대로 믿어야 하는 것이다. 교회에서 하는 성경 공부로 지금까지 나를 자라게 했지만, 사역을 위해서 신학을 공부하는 것은 당연히 필요하다는 것을 확실히 깨닫게 되었다.

신학을 하면서 사역을 하니까 모두들 칭찬을 아끼지 않았다.

이렇게 서서히 하나님의 부르심에 한 걸음씩 걸음마를 떼기 시작하게 되었다.

그런데 사람이 그렇다.

아무리 재헌신을 열두 번을 해도 진실로 하나님 마음에 드는 종이 되기에는 시간이 걸리는가 보다.

이제 신학을 시작했는데 내 마음에 야릇한 교만이 들어오는 것이다. 집회를 다니면서 '신학을 하는 사람이 이런 간증을 해야 하나?'라는 생각과 '무엇인가 신학생다운 집회를 해야 하지 않나?' 하는 생각이 들었다.

그런데 문제는 교회에서 나를 대하는 것이 달라진 것이다.

'평신도 사역자'에서 '주의 종'으로서 대우하는 것이다.

개인적으로는 신나는 일이었는데, 문제는 '나다' 하는 내가 또 살아나는 것이다.

1회 뉴욕 대 전도대회에서

이렇게 하는 중에 집회는 더 활발하게 다녔다. 그 당시에는 연예인 사역자가 별로 없었고 더욱이 가수는 내가 처음이었기 때문이다.

그래서 집회는 나의 독무대와 같은 영역이었다.

이런 상황에서 나는 주의 종이라는 이름을 가지고 발바닥이 뜨겁도록 뛰어다녔다.

그렇게 시간을 보내는 가운데 나는 집회 선수가 되어 있었다.

너무 집회 인도를 잘하는 것이다. 가는 교회마다 교인들이 나를 너무 좋아하는 것에 나 스스로 취해 있는 것 같았다.

지금 생각하면 이런 내 모습을 하나님이 지긋이 내려다보고 나를 기다리시는 가운데, 하나님께 영광보다 내 만족과 내 기쁨으로 충만한 생활에 빠져 가고 있었다.

과연 하나님께서 나를 어떻게 보고 계셨을까.

23

확실하고 구체적인 Calling

나는 늦은 학업이었지만 감사하는 마음으로 신학을 열심히 공부했다. 항상 분주했어도 공부하는 시간은 그렇게 은혜스럽고 나에게 감동을 주는 시간이었다. 사명감에 마음이 끓고 있었기 때문에 그 시간들이 참 은혜스럽고 좋았다.

그것은 마치 신대륙을 발견한 사람의 감동과 흥분된 마음과 같았다.

신학을 통해 영적인 세계를 발견하게 된 것 같은 깊은 감동과 감격이었다.

감추어진 보화를 캐내듯, 넓고 깊은 하나님의 뜻을 찾고 알아가는 과정이 나를 놀라고 또 놀라게 했다. 내게는 그 시간들이 상당히 의미가 있었고 귀중한 시간들이었다.

그전에는 주의 일을 했어도 내가 경험한 초보적 신앙의 틀 안에서의 제한적인 증거였다. 나에게 경험된 것 외에는 할 말도, 사건도 없었다. 그런데 신학을 공부하다 보니 말씀 속에서 나의 영적인 위치와 상태를 확인할 수 있었고, 말씀을 가지고 변화된 나의 영적인 변화를 확실하게 증거할 수 있었다. 힘든 마음이 들 때도 있었으나 능력 있는 증거자가 되기 위한 마음으로 참고 견디면서 공부를 마치게 되었다.

그런데 인간은 참 간사한 동물이다.

나는 신학을 졸업하고도 전도사의 타이틀을 갖고 싶은 마음은 없었다. 그냥 집사라는 이름으로 "찬양 사역자 방은미"가 마음에 부담이 없게 느껴졌다. 왠지 전도사라는 타이틀이 나를 묶는 것 같은 불편한 마음이 있었다. 전도사 신분으로 틀에 갇혀서 숨막히는 멍에를 메지 않고 자유롭게 활동하고 싶었다.

그리고 그때만 해도 가수로서 방은미를 기억하는 사람들이 많이 있었기 때문에, 그 위치를 버리고 싶은 마음이 없었고 그렇게 생활하는 것을 내가 즐기고 있었다.

비록 내가 서원은 했었지만 평신도로서 내 삶을 드리면 얼마든지 사역할 수 있을 것이라 생각했다.

그런데 이런 생각 역시 나를 완전히 버리지 못한 내면에 감추어진 내 마음이었다. 이렇듯 나의 만족, 내 중심적이었던 내 속마음을 아직도 버리지 못하고 있었다.

그런 나에게 주의 일들이 엄청나게 밀려들어 왔다.

그것은 그나마 내가 신학을 했다는 이유에서였다.

그 당시에는 신학을 하는 내 생활이 새로운 뉴스감이었다.

교회에서 나를 섭외하기에 더 좋은 초청 조건이 되었다.

그래서 더 많은 요청과 사랑을 받게 되었던 것이다.

그러던 중 어느 해인가 유럽을 두 번째 순회하고 있었다.

독일을 순회하던 길에 하이델베르크라는 도시를 가게 되었는데, 그곳에서 목회하시던 목사님께서 집회를 부탁하셨다. 옆 동네에 작은 교회가 있는데 그곳은 미군이 주둔하고 있는 "나토" 기지라고 하시면서 집회를 해달라는 부탁이었다.

그리고는 주일 예배를 끝내고 나를 차에 태우고 그 교회로 향하게 되었다.

그런데 한참을 가도 동네가 나오지 않아서 물어 보았다.

"그 동네가 다 왔나요?"

"조금만 가면 됩니다."

그곳은 4시간이 걸리는 곳으로 꼬불꼬불 산길을 올라가는데 산꼭대기인 것 같았다. 그곳의 이름은 '바움홀더'라고 하는 곳이었다.

그 산꼭대기 위에는 미사일 기지가 있었다.

뱅쿠버 집회 때

나는 그 목사님에게 마음이 좀 상해 있었다.

목사님께 "교인이 몇 명이나 되나요?" 했더니

"열 명도 안 됩니다"라고 했다.

기분도 별로 나지 않고 기운이 쭉 빠지는 것 같았다.

그러더니 "방 집사님, 여기에서 삼일 집회를 인도해 주십시오"라고 하시는 것이었다. 나는 기가 탁 막혔다.

그 당시 나는 충분히 하루 집회는 잘 감당할 수 있으나 삼일은 해본 적도 없고 할 수도 없었다.

"목사님, 저는 할 수 없어요."

목사님의 대답은 "성령님께서 하십니다. 기도하십시다" 하시는 것이었다.

그러니 돌아간다고도 할 수도 없고, 광고도 그렇게 해놓았으니 집회를 안 할 수도 없고, 그야 말로 진퇴양난이었다.

어찌 되었든 집회는 해야 했다.

무슨 말을 하면서 삼일을 했는지 나도 지금 기억이 되지 않는다.

하루 분량의 집회를 삼일로 나누고, 그 사이 사이 연예계 이야기를 많이 삽입했던 것으로 기억한다. 그러니까 교인들이 너무 재미있어 했고, 다들 하는 말이 "은혜를 많이 받았다"고 했다. 연예계의 뒷 이야기가 뭐가 그렇게 은혜가 되었는지?

그것은 연예계에 돌아가는 이야기를 많이 들려주었을 뿐인데 말이다.

그러나 사실 이런 상황에서 나는 소화가 되지 않고 무엇이 체한 듯 마음이 불편했다. 하나님의 말씀을 증거하고 나의 변화된 삶을 간증한다는 내가 연예계 소식으로 사람을 웃겨 놓았으니…. 이런 고백은 부끄럽고 부끄러워 정말 나를 숨기고 싶었던 사건이었다.

이렇게 삼일을 끝내고 다음날 점심에 한 가정에서 식사를 준비했는데, 그곳에서 목사님이 또 나에게 "여기에서도 간단하게 인도하십시오" 하는 것이다. 나는 정말 무엇을 해야 할지, 할 말도 또 더 이상 준비된 찬양도 없었다.

그래서 나는 "목사님 정말 할 것이 없어요. 그냥 식사만 하지요" 했더니 목사님은 또 "성령님께서 하십니다" 하시고는 옆에 있는 흔들의자에 앉아서 눈을 감고 계신다.

그때는 정말 목사님이 미워지는 마음이 순간 들어왔다.

내 마음에는 그분이 이상한 목사가 아닌가 싶었다.

그러나 시간은 흐르고, 교인들은 나만 바라보고 여기 저기 앉아 있었다. 나는 당혹스럽고 속이 상했다. 어떻게 해야 할지 전혀 아이디어가 없는 상태였다.

그런데 그 순간 내 머릿속에 스쳐가는 생각이 있었다.

"기도하라" 하는 음성 같은 생각이 지나갔다.

"자, 우리 모두 손을 잡고 동그랗게 모여 앉읍시다."

교인들은 무슨 또 재미있는 오락이라도 하는 줄 알고 좋아하면서 모여 앉았다. 교인들은 삼일 동안 내 이야기를 재미있게 들었고, 삼일 동안 나와 정이 든 것 같았다.

나는 지금 기도를 인도하려고 하는데, 교인들은 궁금해 하면서 모든 눈동자가 나에게 고정되었다. 그래서 나는 기도가 무엇이며 어떻게 기도하는가에 대해 먼저 가르쳐 주었다.

어린아이들같이 내 말을 참 잘 들었다.

나는 그들에게 "이제 오른쪽으로 돌아가면서 한 사람씩 기도를 하십시다"라고 했다. 그런데 이 말이 떨어지자마자 "어머, 어머 난 기도 못해. 나 그냥 집에 갈래" 이러는 것 아닌가!

나는 그래도 기도 정도는 하는 줄로 생각했다.

나는 그 순간이 얼마나 당황스럽고 힘들었는지 내가 입었던 속옷이 다 젖을 정도로 긴장이 나를 덮치는 것 같았다. 그 소리를 들은 나는 양쪽 손으로 양옆에 앉은 교인들의 손을 꼭 잡고 조용히 방언으로 기도를 시작했더니, 한쪽에서는 내 모습을 보고 또 킥킥대며 웃고 있었다.

그 분위기는 내가 망가지고 사람들 앞에서 발가벗겨지는 수치의 순간이었다.

"주님, 만약 제가 이 순간을 실패하면 주님의 실패입니다. 이 시간 저를 도와주시고, 성령님, 역사해 주십시오."

이렇게 기도하면서 누군가에게서 기도가 터져 나오기를 기다리고 있었는데 얼마가 지났을까? 오른쪽에 앉아 있었던 교인이 입술을 열어 하소연과 같은 기도를 하기 시작했다.

독일 보름스 교회 앞에서

그러더니 그 자리가 숙연해지고 기도가 진지해지면서 돌아가며 회개 기도가 터져 나오기 시작했다.

그것은 성령님의 역사하심이었다.

울면서 회개 기도를 하기도 하고, 이렇게 하여 그 시간은 뜨거운 기도의 도가니가 되었다. 그리고 모두 은혜에 젖어 사랑을 나누며 점심을 같이 먹고 좋은 기억을 가지고 모든 일정을 끝냈다.

나는 그날 밤 숙소에 돌아와서 주님께 기도를 드렸다.

지난 며칠간 있었던 황당했던 일들을 돌이켜보며 실패감과 구겨진 자존심 때문에 속이 무척 상했다. 나 자신에게도 부끄러웠고 하나님 앞에서 상당히 부끄러웠다. 그래서 입을 열어 기도하기 시작했다.

"주님 다시는 이런 일들을 시키지 마십시오, 이런 일은 제가 감당할 수가 없습니다."

이렇게 기도하고 있는데, 내 깊은 마음속에서 성령님의 음성이 들려오는 것이었다.

"내가 너를 쓰기를 원하노라."

"지금까지 네가 한 것은 네가 한 것이 아니라 내가 한 것이다."

이것은 성령의 음성이었다.

그때 나는 목사님과 나누었던 대화가 생각났다.

"그곳은 교인도 없고 너무 멀어서 서울에서 유명한 강사님을 모시고 싶어도 오지도 않지만 모실 수가 없어서 방 집사님을 모신 것입니다. 방 집사님이 온다는 소식을 들으면 우리 교인들이 너무 좋아할 것입니다."

그래서 나는 목사님의 말씀을 생각하면서 다시 깊은 기도를 하기 시작했다. 그런데 그 기도 가운데 성령께서 나에게 들려준 음성은 곧, 주님의 생생한 Calling이었다. 주님은 바로 내가 실패한 그 현장에서 나를 부르신 것이 아닌가!

이 사건은 나의 영적 무지와 무능력 상태를 잘 증명해 주고 있었다. 또한 인간적인 육신의 정욕과 교만의 뿌리가 빠지지 않은 상태를 잘 보여 주고 있었다. 생각해 보았다.

'주님이 왜 이런 현장에서 나를 부르신 것일까?'

주님은 교만한 상태에 있으면 사용하지 않으시고, 자아가 살아 있는 상태로도 사용하지 않으신다는 뜻이었다. 그리고 우리를 낮추시고 꺾으시고 겸손해질 때까지 기다리신다는 것을 깨닫게 되었다. 내가 실패를 인정할 때 드디어 역사하신다는 것을 깨닫게 된 것이다.

그래서 주의 일은 나의 능력이나 기술이나 내 노력으로 하는 것이 아니라는 것을 알게 되었다. 계속 기도하면서 주님의 부르심을 확인하는 기도를 드렸는데 역시 주님은 나를 구체적으로 부르시고 계셨던 것이다.

하나님은 나의 잘못된 생각과 착각 속에서 행세하던 나를 볼 수 있게 하셨다.

워싱톤 모 교회에서

첫째, 나는 하나님께 서원한 사람이었다.

그런데도 그 허울 좋은 가수의 탈을 아직까지 벗지 못하고 있었다. 주님께 서원하고 돌아왔다고 했지만, 마음 한 구석에 아직도 뽑히지 않은 세속의 그림자가 있었다.

하나님께 서원한 사람은 세상에 속해 있으나 세상을 향한 것들을 몽땅 뿌리 뽑아야 한다는 것을 깨닫게 되었고 한편으로는 주님의 책망을 느꼈다.

둘째, 나는 교인들이 많고 큰 교회를 좋아했고, 교통이 불편하거나 작은 교회를 멀리하며 주의 일을 한다고 돌아다녔다.

그러나 그것은 주님 뜻대로가 아니라 내 만족을 위한 나의 일을 하고 있었던 것이다.

내가 깨달은 것은 주의 일은 숫자에 있는 것이 아니라는 것이다. 주의 일은 주님이 찾으시는 양 한 마리에서부터 시작한다는 사역의 원리를 깨닫게 되었다. 큰 교회만이 아니라 외면당하고 소외된 영혼들에게 복음을 전하는 것이 사역자가 마땅히 갖추어야 할 겸손한 자세라는 것을 확실하게 깨닫게 되었다.

셋째, 나는 내 노래 실력과 말솜씨, 그나마 조금 배운 공부로 사역한다고 착각하고 있었다.

주의 일은 내 실력, 내 솜씨, 내가 배운 것으로, 또는 내가 할 수 있는 능력으로 하는 것이 아니다. 오직 주님께서 주시는 성령의 능력으로 사역한다는 사실을 이 집회를 경험함으로 깨닫게 되었다.

바로 성령님께서 이번 경험을 통해 나의 잘못된 생각과 주의 일꾼으로서 잘못된 자세를 구체적으로 지적하시며, 사역의 본질이 무엇인지를 깨닫게 하시고, 주의 종으로 부르심을 확인시키신 것이다.

"이는 세상에 있는 모든 것이 육신의 정욕과 안목의 정욕과 이생의 자랑이니 다 아버지께로 좇아 온 것이 아니요 세상으로 좇아 온 것이라 이 세상도, 그 정욕도 지나가되 오직 하나님의 뜻을 행하는 이는 영원히 거하느니라"(요한일서 2:16-17).

주님은 내가 밑바닥으로 떨어진 곳, 그 자리, 실패와 수치감에 쌓여있는 그 현장에서 나를 부르셨다. 그 부르심은 실패한 나를 위로하심이었다. 그 부르심은 주님의 사랑이었고, 나를 일으키시는 주님의 손이었다. 그 부르심은 하나님의 능력을 의지하게 하는 용기가 되었다.

내가 계속 못한다고 할 때 그 목사님께서 "성령님이 하십니다"라는 말씀이 무엇을 뜻하는지 깨닫게 되었으며 결국은 성령님께서 친히 집회를 인도하실 것이다.

내 생각대로 주의 일을 한다고 하는 내가 하나님께서 보시기에 얼마나 가소로웠을까?

결국은 주님의 능력 앞에 무릎을 꿇게 된 것이다.

성령님께서 친히 은혜스럽게, 뜨겁게 감당하셨다는 사실을 확실하게 확인하게 되었다. 이런 경험이 나로 하여금 주님께 모든 사역을 위해 다시 헌신하도록 만든 것이다.

"주님, 지금까지 내 만족과 내 기쁨을 추구했던 인간적인 사역을 용서하여 주옵소서. 주님, 지금까지 벗겨지지 않았던 냄새나는 육신의 껍질을 완전히 벗겨 주시고, 주님 쓰시기에 편리하고 유용한 도구, 순종하는 겸손한 종이 되게 하시고, 구원 사역을 위한 영적인 주의 도구가 되게 하소서.

이 감동, 주님께 향한 마음 변치 않게 하여 주시고, 이제 다시 공부하여 충성을 다하는 온전한 주의 종 되게 해 주시옵소서. 예수님의 이름으로 기도드립니다."

그날 밤 나는 성령님과 깊은 교제 속에서 재헌신의 서원 기도를 또다시 주님께 올려드렸다.

할렐루야!

24

총신입학과 셋째아들 출산

나는 초교파로 집회 활동을 했다. 그리고 한국에서, 또 외국에서 대형 집회에 많이 참여하였다.

내가 총신에 입학하기 전 해에 있었던 집회 때였다.

여의도 순복음 교회 조용기 목사님이 인도하시는 뉴욕 대전도 대회 집회를 위해서 뉴욕으로 들어갔다.

그 집회는 뉴욕에 있는 Medison Square Garden에서 외국인 상대로 열린 대형 집회였는데, 조용기 목사님이 뉴욕에 있는 미국인들을 상대로 전도 집회를 하신 것이다.

재미있는 풍경은 조 목사님이 영어로 설교를 하시고 그 설교에 통역을 맡으신 분은 미국 목사님이셨다. 그분은 한국 예수 전도단 설립자이신 데이빗 로스 목사님이시다. 그분의 한국말 실력은 매우 뛰어나서 한국 사람보다 한국말을 더 고급스럽게 잘하시는 분이다. 그분의 한국명은 오대원 목사님이시다.

조 목사님의 영어 설교를 미국 목사이신 오 목사님이 한국말로 통역하시는 아주 특이한 집회였다.

대형 집회였기에 나도 찬양 준비에 무척 신경을 썼다.

반주자는 뉴욕 순복음 교회의 주 반주자로서 미국인인데 아주 유명한 오르가니스트였다. 나는 모든 찬양을 영어로 준비했고, 또 매일 한복을 의상으로 바꿔 입으며 등장했다. 이것도 미국인들에게는 인상적이었다.

집회는 성공적이었다.

미국 신문에 크게 집회 기사와 나의 찬양하는 장면도 나왔고 칭찬에 인색하지 않은 미국인들로부터 나는 칭찬을 무척 많이 받았다. 그런데 다른 때에 비해 무척 피곤하고 힘이 들었다. 나는 워낙 대형 집회라서 신경을 많이 썼기에 피곤한 줄 알았다. 약 1주간의 뉴욕 전도 집회를 끝냈다.

그리고 나는 또 유럽 집회를 위해서 혼자서 순회 여행을 떠나게 되었다. 그런데 몸을 가누기가 힘들 정도로 도무지 여행할 컨디션이 아니었다.

유럽 집회를 간신히 마치고 LA 집회를 위해서 비행기를 탔는데 드디어 그때부터 입덧이 시작되었다.

계획하지 않았던 임신이었다.

나는 입덧을 심하게 하는데 입덧이 시작되었다 하면 입원을 해야 하는 골치 아픈 체질이다. 두 아이들도 그렇게 병원 신세를 지면서 입덧을 한 후 낳았다.

그래서 나는 아이들을 임신할 때마다 음식을 먹지 못해서 병원에서 링거를 맞고 지내야 했다. 그리고 7-8개월이 지나면 언제 그랬느냐 싶을 정도로 정상적인 식사를 하곤 했다. 너무 많이 먹어서 탈이 날 정도였다. 아마 그동안 먹지 못한 음식을 다 찾아 먹는 것처럼 말이다. 그런데 그 때는 여행 중이어서 입덧이 나를 얼마나 고통스럽게 했는지 모른다.

비행기를 타면 꼭 실려 나올 것처럼 앉아 있을 수도 없었고 걸을 수도 없었다. 이렇게 먹지도 못하고 비행기를 타기도 힘들어서 속히 일정을 줄여서 귀국을 했던 것이다.

나는 귀국하고 난 뒤 '바움홀더'에서 하나님의 부르심을 확인하고 다시 재헌신 기도를 드리며 준비했었다. 지금까지 주님의 뜻을 모르고 내 뜻대로 주의 일을 했던 것을 철저히 회개하였다. 이제는 주님의 신실하고 겸손한 종으로 나의 삶과 모든 것을 주님의 뜻에 맡겨 드리기로 결단하였다.

즉 내 건강과 내가 가진 모든 물질까지 주님이 쓰시기 원하시면 순종하여 주님께 드리기를 기도하였다.

주의 종으로 다시 훈련하여 충성을 다할 것을 기도했던 것이다. 그리고 나는 신학교를 선택하는데 '얼마 전 졸업했던 장신대를 가느냐?'를 생각하고 있었다. 그런데 당시 우리 집은 방배동인데 장신대는 광나루에 있어서 그 거리가 만만치 않았다.

그러나 사당동에 있는 총신대는 택시를 탈 경우 기본요금만 내면 갈 수 있는 거리였다. 차를 타고 가면 약 10-15분가량 걸리는 거리였다. 그래서 사당동에 있는 총신대학교로 결정하고 기도로 준비했다.

그런데 입학시험이 꽤 어렵다고 하는 말을 듣고 나는 이렇게 기도했다.

"주님, 주의 종으로 훈련하기 위해 신학을 다시 하는 것이 주님의 뜻이라면 합격하게 해주실 줄 믿습니다."

이렇게 기도하는 중에 특별히 예상 문제집은 없었지만 주변에서 "이런 것, 이런 것을 공부하십시오"라는 말을 해주었다. 그렇게 공부한 것이 시험에 다 출제된 것은 아니었지만 많은 도움이 되었다.

나는 병원과 집을 넘나들며 입덧을 하는 가운데 시험공부를 했다. 이렇게 준비하여 총신에 입학시험을 치르게 되었다.

시험을 잘 본 것 같았다. 내 수험 번호는 '03'번이었다.

드디어 총신에 합격을 했다.

나는 내 번호를 보는 순간 내 몸이 달아오르는 것 같은 뜨거운 감격이 있었다. 그 자리에서 하나님께 감사 기도를 드리고. 남편에게 합격을 알리려고 전화를 했다. 남편은 합격한 것에 대해 감사하는 마음은 있었지만 그렇게 달갑게 여기는 것 같지는 않았다. "꼭 그렇게 다시 신학을 해야 주의 일을 하는 것이냐?" 하면서 못마땅하게 생각하는 것 같았다. 남편은 나에 대해 말하기를, 좋게 말하면 적극적인 성격인데 항상 극성스럽다고 야단을 치곤 했었다. 그런데 이번에 또 불편한 마음은 남편이 신학을 하고 있었기 때문이다.

부부가 함께 공부하면 학비 문제라든가, 아이들 교육 문제 등 그 외에도 생활에 여러 가지 불편함을 생각해서 그렇게 말했던 것이다.

나는 남편에게 말했다.

"염려하지 마세요, 모든 것을 은혜스럽게 할 테니까요. 이렇게 하나님께서 합격을 하도록 하셨으니까 주님께서 입학금도 마련해 주실 줄 믿고 있어요."

이렇게 말하고 남편에게 부담을 주지 않으려고 했다. 그리고는 그때부터 학비를 위해서 기도하기 시작하였다.

그런데 등록 마감 날짜가 내일로 다가왔는데도 학비가 마련되지 않았다. 그래서 그 다음날 마감 시간 전에 학교로 찾아가서 휴학이라도 신청하려고 교무과로 찾아갔다.

그 당시 교무처장 목사님은 차영배 교수님이셨는데 목사님은 나를 곧 알아보시고 나에게 물으셨다.

"입학금을 내러 왔습니까?"

나는 입학 연기 신청을 해보려고 왔다고 말씀드렸다.

목사님께서 "왜 입학도 안 하고 연기를 해야 됩니까?"라고 물으셨다.

"아버지께서 입학금을 아직 주지 않으셔서 못 냈습니다. 그래서 입학 연기 신청을 하려고 왔습니다."

그랬더니 무슨 사연이 있는 것 같은데 들어 보자고 하셨다.

그래서 10분 정도 주님의 부르심으로 인하여 시험을 치르게 된 것을 말씀드렸고, 남편도 함께 신학을 하고 있다는 것을 간증으로 말씀드렸다.

그런데 성령님의 역사였다.

목사님께서 그 짧은 간증에 은혜를 받았다고 하시면서 월요일 교수 회의에 내 사연을 말씀하시겠다고 하셨다. 그러나 등록이 오늘로서 마감이라 장학금에 대해서는 장담을 할 수 없는 일이라고 하셨다. 나는 일단 목사님의 그 마음에 우선 감사를 드렸고, 그 때부터 기도하기 시작했다.

"하나님, 오늘로 등록은 끝났지만 주님께서 양단간에 저의 사정을 해결하실 줄 믿습니다."

드디어 월요일이 왔다.

학교에서 전화가 오기를 간절히 기다리며 하나님께서 어떻게 하실지를 기도하고 있었다.

"따르릉, 따르릉" 차 교수님의 전화였다.

지금 교수 회의가 끝났는데 학교로 올라오라는 것이었다.

나는 흥분된 마음을 진정시키며 속히 학교로 올라갔다.

교수님 방에 들어서자마자 "방 전도사님, 축하합니다" 하시는 것이었다.

"감사합니다. 어떻게 된 것인가요?"

하나님께서 구체적으로 일하신 사연을 듣고 싶었다.

"대구에서 사업을 하시는 모 권사님이 보내신 것인데 바로 오늘 아침에 도착했습니다. 장학금은 학생들에게 이미 다 지불된 후라서 이것은 방 전도사님을 위해 주님께서 예비하셨다고 모두들 결정했습니다. 그리고 모자라는 액수는 신성종 교수님과 내가 마련하여 납부하겠습니다."

나는 차 교수님의 말씀을 듣고 감사를 드린 후 하나님께 감사하고 또 감사하는 기도를 드렸다. 이렇게 일이 된 것은 주님의 완벽한 준비하심이었고, 나를 공부시키시려는 확실한 증거였다.

나는 첫 학기를 주님께서 책임
지고 공부시키는 은혜 장학생이
되었던 것이다. 이 사건은 하나님
께서 나의 연약한 속성을 아시기
때문에 확실한 증거를 보여 주심
으로 마음을 강하게 하신 것이다.

총신대 신학원 졸업식

신학을 하는 것이 주님의 뜻이
라는 것을 확신하도록 하시는 하
나님의 사랑과 또 하나의 증거였던 것이다.

그래서 나는 하나님께서 친히 학업의 시간들을 사주셨다는 생
각으로 젊은 학생들보다 더 많은 시간을 공부하였다.

그때 내 상황에서 공부하는 것은 만학이었기에 더 열심히 하지
않으면 따라갈 수가 없었다. 주님께서 사주신 시간들을 게을리하
여 불충할 수 없다는 생각이 나를 지배하고 있었던 것이다. 히브
리어가 나를 힘들게 했지만 전반적으로 공부는 잘했다.

입학을 한 후부터는 입덧이 가시었기에 무리없이 학교를 다닐
수 있었다. 그런데 날마다 배가 점점 더 불러오는 것이었다.

조금은 부끄러운 마음이 들었다.

하지만 생명 주시는 분은 하나님이시기에, 주권적인 주님의 계
획과 뜻 가운데 얻은 생명이라 생각하니 부끄러워 할 이유가 없
었다.

오히려 감사가 넘쳤고 주님께서 하실 일에 대한 기대감이 내 마음 속에 있었다. 그때 내 나이가 37세였기에 노산이었고, 뜻밖의 잉태였다. 당시는 성별을 미리 알기가 어려울 때였다.

그런데 남편은 분명히 주님의 뜻이 있다고 말하면서 아들이라고 말했다. 그리고 이 아이는 분명히 하나님의 종으로 쓰실 아들을 주셨다고 미리 장담을 하곤 하였다.

그것은 우리의 계획이 아닌 뜻밖의 선물이었기 때문이란다. 그러면서 미리 아들 옷을 사라고 하고, 장난감도 아들용으로 사기도 했다.

나는 또 아이들을 크게 낳는 체질로 배가 유난히도 컸다. 나중에는 걸어 다니는데 내 발이 보이지 않을 정도로 배가 불렀다. 그러면서도 나는 학업을 위해 하루도 결석을 용납하지 않았다. 왜냐하면 하나님께서 장학금을 마련해서 친히 장학생 만들어 주신 학업이었기 때문에 조금도 수업을 게을리할 수 없었던 것이다.

그래서 모범생으로 학교에 다니니까 그 많은 학생들에게 화제의 대상이었다. 사실상 어느 학교이건 임산부 학생은 전혀 없었기 때문이다. 요즘은 어떨지 모르지만 그 당시에는 그랬다.

"…마음에는 원이로되 육신이 약하도다 하시고"(마태복음 26:41).

나는 그렇게 무거운 몸을 하고도 온갖 집회를 다 다녔다.

임신 중에 있으니까 성도들이 더 은혜를 받는 것 같았다. 그리고 무거운 배가 힘을 받쳐주어서인지 찬양을 하는데도 더 힘이 솟아났다.

그래서 그 배를 안고도 집회를 다닐 수 있었던 것이라고 생각한다.

이렇게 하여 아이를 낳았는데 아들이었다.

지금은 목사가 되어 목회를 하고 있고, 또 찬양과 작사, 작곡, 연주를 잘하는 목사이기도 하다. 나보다도 더 음악적 재능이 뛰어난것은 하나님께서 그 아들을 향한 어떤 큰 뜻이 있음을 생각하게 한다.

나는 임신 중에 육신적으로 힘든 생활이었는데, 임신 말기에 그만 임신 중독증에 걸려서 내 얼굴을 완전히 잃어버린 것같이 부어서 볼 수 없을 정도였고, 또 온몸이 풍선처럼 부어서 위험한 처지에 놓이게 되었다. 음식도 제대로 먹지 못했다. 임신 중독증에는 소금기 있는 음식을 먹으면 안 되었기에, 맨 밥을 물에 말아 먹거나 국을 먹어도 소금을 넣지 않은 상태의 국을 먹어야 하는데 맛을 생각지 않고 그냥 훌훌 마시곤 했었다.

셋째 임신중에 산호세에서

또 분만할 때는 혈소판이 부족한 상황이라서 만약 출혈을 할 경우 무척 위험한 상태라고 했다.

또 임신 중독증 때문에 자궁과 산도가 부어 있었기에 상태가 무척 위험했다.

　나의 엄청난 배를 보고 교수님들이 위험하다고 하시면서 휴학을 하고 출산한 뒤 다시 복학하라는 권유도 있었다. 그러나 나는 하나님이 사주신 귀한 학업의 시간을 나의 편함을 위해서 쉴 수가 없었다. 그래서 출산 날까지 공부하고 기말 시험까지 치르고 방학과 동시에 출산을 하게 되었다.

　아빠가 기도하고 기대했던 것처럼 태어난 아이는 아들이었다.

　선지 동산에서 어미와 함께 공부한 아들에게 특별한 하나님의 뜻이 있으리라는 생각에 감사하고 있었는데, 아니나 다를까 나는 그만 분만할 때 내 생명과 운명을 날리할 뻔했던 큰 위험을 만나게 되었다.

<h1 style="text-align:center">25</h1>

생과 사의 갈림길에서

남들이 나를 말하기를 못 말리는 성격, 극성이라고 한다.

나도 이렇게 말하는 것을 인정한다. 유난히 태아가 커서 몸이 무척 무거웠었고, 이런 모습이 주변 사람들에게 불안함을 주는 상황이 되었다. 그러나 앞에서 말한 것처럼 나는 하나님께서 사 주신 공부 시간을 내 육신의 편안함과 안정을 위해 양심적으로 쉴 수가 없는 마음이었다.

그래서 기말 시험을 다 마치고 드디어 금요일에 여름 방학을 맞이하게 되었고, 주일날 교회에서 예배를 드리고 다음날인 월요일에 분만을 하게 되었다. 그 당시에는 컴퓨터가 지금처럼 발달하지 못해서 아이를 스크린으로 보는 것이 그리 정확하지 않았다.

왜냐하면 컴퓨터에 비친 아이가 쌍둥이라는 것이다.

나는 그 소리를 듣고 순간적으로 당황하며 겁이 났었다.

아이가 얼마나 컸던지 엉덩이 부분을 또 하나의 머리로 보았던 것이다. 그런데 쌍둥이로 겁을 먹었던 것은 시댁 쪽으로 쌍둥이 가족이 있었기 때문이다. 그래서 또 불안한 마음에 기도를 힘있게 했다.

드디어 출산일인 7월 12일이 왔다.

주일날 저녁에 병원에 입원해서 진통을 시작하였다. 그런데 그 다음 월요일 오후 3시경에 분만을 하게 되었던 것이다.

아이를 받으신 분은 북한을 위한 기도팀의 리더로서 민병훈 박사님이셨다. 그분은 당신의 병원에서 출산했던 모든 산모에게 분만하기 직전에 배에 손을 얹고 안수 기도를 하신다.

그리고 기도 후에 아이를 받으신다.

나에게도 예외 없이 배 위에다 손을 얹으시고 한참을 기도하시더니 힘을 주라고 하셨다. 그리고 한참을 힘쓰다가 드디어 아이가 태어나게 되었다.

"응아!" 하는 소리가 나자마자 박사님은 감격하여 폭발하는 목소리로 "목사다, 목사야"라고 소리쳤다. 그리고는 흥분되고 상기된 목소리로 남편을 불렀다.

"오 집사님! 아이를 데리고 빨리 나가서 하나님께 드리는 기도를 하세요."

나는 그 소리를 들으면서 아들인 줄을 알 수 있었다.

남편은 아들을 감싸안고 밖에 있는 의자에 앉아서 하나님께 감사 기도를 드렸다. 그런데 기도의 내용은 "주님이 주신 이 귀한 아들을 주님이 쓰시는 일꾼으로 받으시옵소서"라고 하면서, 그 순간에 아들의 의지가 아닌 아버지의 입에서 아들의 서원 기도가 이루어졌던 것이다.

분만하고 난 뒤 나는 민 박사님께 물었다.

"왜 목사라고 하셨어요?"

그러자 민 박사님이 말씀하셨다.

"내가 지금까지 몇 십년 동안 아이를 받는데 분만 때마다 배 위에 안수 기도를 하면서 아이를 받아요. 그래서 오늘도 안수 기도를 하는데, 예수님께서 이미 배에다 손을 얹으시고 안수하시는 환상을 보았습니다. 그래서 이 아이는 주님의 일꾼으로 주님께서 친히 안수하신 것으로 알았기에 목사라고 했습니다."

나는 신기하고 놀라운 마음으로 하나님께 감사 기도를 드리고 회복실로 자리를 옮겼다.

문제는 그때부터 일어났다.

정신이 몽롱해지면서 깊은 잠이 쏟아지는 것이었다. 나는 분만 후에 몸조리를 해야 하기 때문에 잠이 오는 줄로 알았다.

얼마 후에 박사님이 방으로 들어오셨다.

잠에 폭 빠져 있는 나를 보시고 "이거 일이 났군!" 하면서 정신을 차리라고 내 얼굴을 마구 때리는 것이었다.

그리고는 똑바로 누워 있는 내 몸을 옆으로 굴리는 것이었다.

그랬더니 "퀄 퀄 퀄" 자궁에 고여 있던 피가 한꺼번에 쏟아져 나왔다. 자궁에서 수돗물이 나오듯 피가 쏟아져 나오는 것이었다. 처리하기에도 감당할 수 없는 양의 피가 계속 쏟아져 나왔다.

나는 물위에 누워 있는 것같이 계속 흐르는 피 위에 누워 있게 된 것이다. 피를 너무 많이 쏟아서 베개도 다 젖었고, 머리카락도 피로 다 젖어 피 속에 누워 있게 되었다. 그리고 피가 너무 급작스럽게 쏟아져서 혈관이 협착되었단다. 그래서 피 주사를 맞을 수가 없는 상태가 되었던 것이다.

나는 무서운 마음이 들었다. 그러나 어떤 영문인지를 모르겠고 계속 깊은 잠에 빠져드는 것이었다. 의사와 간호원이 급하게 피를 처리하는데 나중에는 물통까지 들어오는 것이었다.

몸이 축 늘어지니까 입었던 옷을 벗길 수가 없어서 가위로 잘라 내면서 피 묻은 옷을 벗겨 내었던 것이다.

나의 얼굴은 백지장보다 더 창백하여 회색빛같이 보였다고 한다. 아이를 분만할 때 임신 중독증으로 몸이 너무 부어 있었고 산도가 부어 있었기에 쌍둥이만큼 몸이 큰 아이가 나오면서 부어 있는 산도를 터트리고 나온 것이라고 했다.

개인 병원이었기에 피가 준비된 것이 없어서 피를 적십자 병원에서 사다가 수혈을 했다. 그런데 나중에는 혈관이 협착되어서 그만 주삿바늘이 옆으로 삐져나올 정도가 되었다.

그래서 한 주머니도 채 맞지 못한 채, 피가 혈관 밖으로 새어 나와 온 몸에 번져서 살이 온통 시퍼렇게 멍이 든 것처럼, 물감이 든 것같이 되었다.

더 이상 피 주사도 맞을 수 없는 상황이라서 도중에 바늘을 뽑아 버리는 안타까운 처지가 되었다.

이 정도면 생명을 보장할 수 없는 소망이 끊어진 상태라고 한다. 지혈 주사를 맞아도 피가 지혈이 되지 않았고 출혈이 계속되었다. 이 현상은 지혈을 해주는 기능, 즉 혈소판이 너무 부족한 상태여서 그랬다고 한다.

나는 너무 고생했기 때문에 생각하기를 '왜 큰 병원으로 옮기지 않았을까?' 하는 의문이 있었다.

'만약 일이 잘못되면 민 박사님의 자존심과 병원의 명예 등 여러 문제가 있을 텐데'하는 생각을 했었다. 그런데 그분은 예수님의 환상을 보았기 때문에 주님의 능력을 믿는 믿음으로 끝까지 기도했다고 한다.

일반적으로 생각하면 참으로 위험한 일이었다.

그때부터 민 박사님은 의술로는 가망이 없으니 이제부터 하나님의 능력에 맡겨야겠다고 생각했단다. 그래서 오직 믿음으로 기도에 매달려야겠다고 마음에 결정하셨단다. 그래서 병원 문을 아주 닫아 버리고 박사님과 남편과 간호원들 모두 기도에 들어가게 되었다.

모두 맹렬한 기도를 하였다.

그분이 적십자 병원으로 옮기지 않았던 것은 예수님께서 안수하시는 환상을 보여 주셨기 때문이라고 하셨다. 그래서 이 위급한 상황을 잘 아시는 주님께서 당신의 능력으로 생명을 주실 것을 믿고 기도했다고 말씀하셨다.

다시 말해 하나님께서 수혈로 생명을 건지는 것이 아니라 기도를 통해서 하나님의 영광을 보게 하시려는 사건이라는 뜻으로 말씀하신 것이다.

바로 내가 의식을 잃어버리기 직전에 박사님이 병원 문을 닫으려 할 때였다.

"안녕하세요?" 하면서 누가 들어왔었다.

그러더니 민 박사님과 뭐라고 얘기를 나누더니 그분이 '오늘 아침 기도하는데 성령님께서 서울에 가서 기도하라시는데 어디를 가야 합니까?' 이렇게 기도하면서 서울로 올라오는데, 이곳으로 오고 싶은 마음이 생기기에 왔더니 이런 일이 있어서 나를 보내셨구나!'라고 하는 것이다.

그분은 당시 부천에 사시는 여자 전도사님이신데, 민 박사님과 북한을 위한 기도 동지였다. 그리고 민 박사님은 병원 앞에 있는 종교교회라는 감리교회가 있는데, 함께 그 교회에서 내 생명을 위해 모두 철야 기도로 밤을 지새며 기도해 주셨다고 한다.

나는 오후 3시경에 아이를 분만한 뒤 의식을 완전히 잃어버리고 말았다. 남편은 내 침상 옆에서 밤새 기도하고 있었다.

나는 곧 의식을 잃고 13시간을 사경 속에 있었다.

내 얼굴은 회색으로 변했다고 한다. 그런데 새벽 4시가 넘어서 의식만 희미하게 돌아온 것 같았다.

눈이 어렴풋이 떠지는데, 아무것도 보이지 않고 눈앞에 하얀 안개가 꽉 끼어 있는 것 같았다.

꿈은 아닌데 말도 할 수 없고 몸도 움직일 수가 없었다.

의식이 살아나는 것 같았고 점점 시야가 보이는 것 같았다.

희미하게 남편이 옆에서 잠이 든 것 같은 모습이 보였다.

그리고 아들은 또 저 옆에서 잠이 들어 있었다.

그래서 나는 남편을 열심히 불렀다.

내가 살았다고 알리고 싶어서였다.

나는 사선을 넘어 다음날 새벽에 드디어 깨어났다.

그런데 소리가 도무지 나질 않았고 몸도 움직이지를 않았다.

한참을 끙끙대었더니 뭔가 나는 소리에 남편이 눈을 떴다.

"어! 깨어났어?"

그리고 하나님께 감사 기도를 하는 것이었다.

그런데 나는 말도 할 수 없었고 손가락도 움직여지지 않았다. 그 순간 나는 어떤 상태인지는 몰라도 매우 심각한 상황인 것을 짐작할 수 있었다.

나는 나무토막같이 식물인간이 된 것 같았다. 순간 비관스러운 생각이 들면서 실망감에 눈앞이 캄캄해지는 것이었다. '사람이 잘 못되는 것이 바로 이런 것이로구나!' 하는 마음에 눈물이 흘러내렸다.

깨어났지만 약 한 달간 내 피부는 전혀 감각이 없었고 손가락도 하나 움직일 수 없는 마른 막대기 같았다. 그러나 나는 마음속으로 주님께 기도하기 시작했다. 이런 상황일지라도 나를 살려 주신 주님의 특별한 은혜를 생각했다. 이전에 육신적인 옛 사람의 더러운 피를 몽땅 뽑아 주시고, 그리스도의 보혈에 접붙여 새 생명의 정결한 피를 주신 것이 깨달아지면서, 다시 살려 주신 주님께 감사하는 마음으로 말없이 눈물의 기도를 드렸다.

이렇게 절망적이며 소망이 없는 상황에서 우리 주님께서 당신의 보혈로 나를 다시 살게 하셨다. 그것은 혈과 육에 속한 피를 뽑

아내신 것이다. 이제 예수의 생명으로 내 영혼뿐 아니라 내 육신의 생명도 예수 피의 능력으로 다시 살게 하신 것이다.

생사의 갈림길에서 생명의 주인 되신 주님이 다시 새 능력의 인생을 살게 하신 것이다.

나는 생명을 다시 얻는 놀라운 은혜를 체험했다.

주님의 여종으로 쓰실 하나님의 계획이 있었기에 나는 이렇게 새 생명을 얻게 되었다.

나는 생각했다.

민 박사님의 기도 중에 보인 예수님의 환상은 아들을 주의 종으로 받으시기 위한 기도이기도 했지만, 한편으로는 이러한 위험한 사태가 생길 것을 미리 아시고, 이 작은 여종의 생명을 지켜 주시기 위해 분만 시에 예수님이 안수 기도하셨던 것이라고 생각했다.

또한 나의 생명을 살리기 위함도 있었지만 주의 종으로 받으실 아들을 위한 양육과, 교육에 대한 책임과, 주의 종으로서 주어진 사명을 다 감당하도록 보살피기 위한 하나님의 뜻이 있으시기에 아들과 어미를 함께 살리시고 축복하신 것이라고 믿었다.

그런데 이렇게 주님의 생명으로 다시 소생한 것을 생각하며 감사 기도를 했는데, 직면한 암담한 현실 앞에서 내 마음은 또 좌절하게 되었다.

몸이 전혀 움직여지지 않았다.

이것은 위험하게 하혈을 많이 한 사람들의 후유증 증세라는 것이었다.

그래도 민 박사님은 자꾸 움직이라고 하는데 도무지 움직일 수가 없는 것이다. 화장실도 가보라고 하는데 걸음을 걸을 수가 없었다. 그러면 남편이 장작 같은 나를 막대기 세우듯 억지로 세워서 일으켰다. 그리고 나무를 끌다시피 화장실로 데려가서 앉히려 하는데 도저히 앉을 수가 없는 것이다. 그러면 남편이 등에 엎드리게 하여 간신히 소변을 보게 해주고, 용변 후에는 안아서 끌다시피 자리에 누이곤 했다.

이렇게 하기를 약 2주간 이상 한 다음 조금씩 발을 떼기도 하고 손가락을 움직이기도 하면서 약 한 달 만에 퇴원을 하게 되었다.

"그 모든 뼈를 보호하심이여 그 중에 하나도 꺾이지 아니하도다" (시편 34:20).

"주님! 새 생명을 주심을 감사합니다. 사람의 피로 살리지 아니하시고 친히 주님의 보혈로 살려 생명 주심을 감사합니다. 이제는 혈과 육에 속한 삶이 아니라 온전히 주님의 능력으로 생명력 있는 주님의 여종이 되게 하옵소서. 이제부터의 삶은 주님께서 주신 생명이오니 주님 뜻대로 사용하시옵소서. 새 생명 주심을 감사합니다. 예수님의 이름으로 기도드립니다. 아멘."

26

연예인 교회 전도사가 되다

나는 신학을 하면서 하나님에 대해 알아가는 것이 너무 좋았고 감사했다. 옥수수 껍질을 하나 하나 벗기듯 하나님의 진리가 한 가지씩 벗겨지고 보여지는 것 같았다. 그래서 나는 더 말할 것도 없이 신나게 열심히 공부했다.

내 생활은 공부하는 것과 집회를 다니는 것과 기도하는 것이 전부였다. 복잡할 것 같지만 내 생활에 질서를 유지하니까 모든 것을 감당할 만했다. 그럴 즈음에 나의 본 교회인 연예인 교회가 신학을 하는 나에 대해 생각하고 있었다.

우리 교회에서는 내가 장신에서 공부한 것도 다 알고 있었고, 교회에서도 나에게 신경을 쓸 일이 없었다. 그런데 내가 다시 총신에서 공부하는 중에 본 교회에서는 전도사가 필요한 부서가 생겼다. 그때 연예인 교회 담임이신 백승진 목사님께서 "교회에서 필요한 부서가 있으니 봉사해 보지 않겠느냐고 하셨다. 나는 그

것이 주님의 뜻이고 교회의 원함이라면 거절하면 안 된다고 생각했다.

그렇게 하여 처음 맡은 부서가 유치부였다.

그때는 교회의 재정상 모든 것이 책정이 된 후였기 때문에 나에게는 해당되는 사례가 없다고 했다. 그럴지라도 내가 아무 조건없이 교육 전도사로 봉사하고 있었으나 교회에서는 은근히 부담이 되었던가 보다.

하루는 백 목사님께서 나에게 물어보셨다.

"앞으로 어떻게 할 계획이지? 신학을 졸업하고 일할 것인지? 공부 중에 일할 것인지?"

나는 교회의 방침을 잘 모르니까 아무 생각 없이 교회에서 봉사하려 했었다. 그래서 "아직은 잘 모르겠습니다"라고 대답했다.

나는 백 목사님께 반문했다.

"목사님, 왜 물어보시는 것이지요?"

목사님께서 대답하시기를 우리 교인들이 나의 의중을 알기 원하신다는 것이다. 우리 교회에서 사역을 할 것인지, 아니면 다른 교회로 갈 것인지 궁금해 한다는 것이다.

교인들은 교단 문제를 잘 모르지만 목사님은 우리 교회에서 정식으로 사역하라고 말씀할 수 없다는 뜻이다. 왜냐하면 내가 지금 총신을 다니고 있기 때문이란다.

그것은 우리 교회는 통합측이고 총신은 합동측이기 때문에 교단적인 문제로 프로포즈를 할 수 없다는 것이다.

내가 아무 생각 없이 전도사로 봉사하고 다닐 때는 마음이 편했는데, 목사님의 그 말을 듣고 나니 내 교회이면서 내가 설 곳이 없는 것 같았고 이방인이 된 것 같은 야릇한 마음이 들었다. 그리고는 교회에서 나를 미운 오리새끼처럼 차별하는 것이 아닌가 하는 마음에 섭섭한 마음이 들었다.

나는 목사님에게 말씀을 드렸다.

연예인 교회 전도사 시절

"목사님, 제가 우리 교회에서 정식 사역을 하지 않을지라도 교회를 떠나지 않습니다. 그 이유는 남편이 이 교회를 함께 개척했으며, 지금 이곳에 없어도 남편을 위해서 기도하는 교인들이 얼마나 많이 있습니까? 정말 가족처럼 기도하는 교인을 잃을 수 없습니다. 그래서 저는 사례없이 사역하드라도 교단 문제로 인하여 교회를 떠나지 않습니다."

목사님께서는 잘 알겠다고 말씀하셨다. 그러나 역시 교인들도 열심히 일하는 나를 잃고 싶지 않았던 것이다. 그래서 교인들이 방은미 전도사에게 정식사역을 시키라고 계속 재촉했던 것이다. 그러니까 목사님이 나를 안 시키려는 것은 아니었다.

문제는 교단이 다른 것이 이유가 되었던 것인데, 나도 목사님의 의견을 충분히 이해할 수 있었다. 그러고 있던 중 얼마 후에 목사님께서 나를 부르셨다.

"방 전도사님, 교인들이 방 전도사님을 원하는데 현재 교단이 다른 곳에서 공부하는 것이 걸립니다. 그러니까 교단을 옮겨서 사역을 하려면 고시를 보아야 할 것 같습니다. 목사들도 교단을 바꾼다 할 때는 절차를 밟는 것이 있습니다. 얼마 있으면 목사 고시가 있는데 그때 함께 고시를 보십시오."

이 말씀을 들을 때 내 마음이 조금은 불편하였다.

나는 굳이 시험을 보면서까지 사역을 해야 한다는 것이 마음에 껄끄러웠다. 고시를 본다고 내가 안수 받을 것도 아닌데 말이다.

"내가 이렇게까지 하면서 일해야 하나?"

실상 나는 고시 준비를 할 만큼 시간적인 여유가 없는 입장이었다. 일인 삼사역을 감당하면서 공부하고 아이들도 돌보아야 하는 힘든 입장이었다.

그래서 "기도해 보겠습니다"라고 말씀드렸다.

나는 이 문제를 놓고 기도하기 시작했는데, 내 마음에 교회에서 사역을 하려면 교회가 원하는 대로 해야 한다는 마음이 들어 왔다.

나는 교회를 떠나고 싶지 않고, 또 교회는 나를 원하는데 교회가 원하는 대로 하려면 고시를 보아야 한다. 즉, 정식 교단 전도사로서의 자격이 필요하다는 뜻이다.

연예인 교회 전도사 시절

이런 상황이라면 내 위치와 신분을 확실히 하기 위해서 고시를 봐야 한다는 결론에 도달했다.

나는 목사님을 찾아가서 "어떤 일이든 교회의 방침대로 하겠습니다"라고 대답해 드렸다.

목사님은 무척 기뻐하셨다. 그리고 목사님께서 나에게 고시 볼 수 있는 절차를 준비시켜 주셨다.

나는 목사님께서 지시하시는 대로 고시 준비를 했다.

모든 진행되는 일들이 하나님의 뜻이라고 생각하고 열심히 고시 준비를 했다.

드디어 고시 날이 왔다.

연예인 교회는 서울 노회 소속이다. 그래서 같은 서울 노회 소속인 무학 교회당에서 고시를 보게 되었다.

아침에 고시장에 갔다. 그런데 고시장에 많은 목사님들이 와 있었다.

나를 알아보시는 분도 많았다.

"방은미 씨, 왜 여기 왔습니까?"

의아해 하시는 분도 있었다.

"네, 고시를 보러 왔습니다."

"아니, 여자 목사가 없는데 목사를 하려구요?"

"아닙니다."

실제로 여자 전도사는 고시 같은 것 없이 사역을 할 수 있었다. 그래서 모두들 나에게 관심을 보였다.

드디어 시험을 보게 되었는데 시험은 그렇게 어렵지 않았다.

주관식 문제 하나가 답을 좀 엉성하게 쓴 것 외에 모두 자신있게 시험을 치루었다.

발표 시간이 왔다.

나는 이층에서 발표를 기다리고 있었는데 그때 우리 목사님께서 나를 급히 찾고 부르시는 것이다.

나는 '아이쿠 무엇인가 잘못되었구나!'라고 생각했다. 그런데 목사님께서 상기된 목소리로 "방 전도사, 이등했어!" 하시는 것이다. 나는 실감이 나지 않아서 목사님과 아래층 사무실로 내려왔다.

나를 보는 목사님들이 한 말씀씩 했다.

"방은미가 딴따라 인 줄 알았는데 정말 신학공부 잘했구나!"

"연예인들 다시 보아야겠네."

그분들은 그렇게 말씀하심으로 나를 극히 칭찬해 주셨다. 그토록 연예인들에 대한 오해와 빗나간 인상을 회복하는 것 같은 기쁨도 있었다.

그리고 나는 순간 하나님께 기도하며 깨달았다.

'주의 일을 하는 것과 그 자격을 갖추기 위해서도 질서가 있구나!'

물론 나는 다른 교회에서도 얼마든지 일할 수 있었다. 그러나 내 교회를 떠나지 않으려면 교회의 법과 질서에 순종해야 했다.

나는 고시를 치르기를 정말 잘했구나 하는 생각에 감사했고, 또 이등으로 확실한 자격을 얻게 되어서 더욱 감사했다.

목사님과 함께 우리는 교회로 돌아왔다.

물론 우리 교인들이 그 시간에 모두 기도해 주었던 것이다.

그리고 그 소식을 들은 교인들이 나를 얼싸 안고 얼마나 좋아하시는지….

나는 연예인 교회에서 이미 교육 전도사로 약 2년 정도 봉사하고 있었다. 그래서 교회에서는 내가 고시를 보는 것을 알고 합격을 위해 계속 기도해 주고 있었다.

1985년 4월 17일은 주일이었다.

목사님은 광고시간에 서울 노회 소속 전도사로 시취를 받았고, 연예인 교회 교육전도사로 임명한다는 공포를 하셨다. 그리고 아울러 고시에서 이등을 했다는 말씀을 하셨는데, 전 교인들이 기쁨의 환호성으로 축하해 주었다. 그때부터 나는 본 교회인 연예인 교회에서 교육 전도사로 열심히 시무하게 되었다.

한동안 자칭 연예인 교회 전도사라고 하면서 교회를 다니며 집회하는 사람들도 있었다. 그러므로 더욱 우리들은 신분이 확실해야 한다.

내가 이렇게 전도사 임명을 받고 일하는 가운데 초청하는 교회들과 교인들이 나를 대하는 모습이 달라진 것을 확실하게 느낄 수 있었다. 그래서 자격을 갖춘다는 것이 참으로 중요하다는 것을 새삼 깨달았다.

연예인 교회에서는 전직 연예인으로서 주의 종이 여러 명 배출되었다. 그중에 본 교회에서 사역한 여자 사역자는 내가 처음이었다. 그런 이유에서 나는 교인들에게 무척 사랑을 많이 받고 사역하게 되었다.

나는 주일 학교 유년부 사역에 이어 주일학교 사역과 청년 사역을 함께 맡고 두 부서에서 사역을 했다.

정말 분주하고 신나게 사역했던 것들이 나에게 큰 보람과 기쁨을 안겨 주었다. 내가 사역하는 구석 구석마다 온 교인들의 사랑이 나를 열정적으로 일하게 했다. 그 사랑은 교우애, 동료애, 가족애 등등 말할 수 없는 끈끈한 사랑으로 매는 줄이었다.

지금도 그 사랑 때문에 서로 연락을 주고받는 관계가 되었다. 나에게는 그때 사역했던 열정이 이곳 새빛 교회에서도 힘있게 사역하는 원동력이 되었다고 생각한다.

이렇게 나는 연예인 교회에서 전도사로서 시무하기를 약 4년간 사역하였다.

27

계속되는 쫑의 훈련

나는 아들 덕분에 학교에서 이미 유명해진 전도사가 되었다.

아이를 낳고 학교에 나가니 여러 전도사님들의 인사 받기에 바빴다. "딸이냐, 아들이냐" 등등 모두 내 생활에 대해 관심이 많았고 나에게 위로와 칭찬을 아끼지 않았다.

출산하기 전에 열심히 공부하던 나의 모습을 다 지켜보았기 때문이라 생각한다. 그런 상황에서 내가 신학 공부하는 것에 대해 나는 이미 박수와 인정을 받고 있었다.

그래서 나는 육신적으로 힘든 학업이었지만 참 진지하게 신학을 공부했었다. 출산의 어려움을 겪고 공부를 했기 때문에 시간적으로나 육신적으로 무척 피곤했었다. 그러나 아무리 힘들어도 공부하는 시간은 놓칠 수가 없었다.

사명감으로 마음이 끓고 있었기 때문이다.

하혈로 인하여 어려운 고비를 넘긴 후부터 나도 모르는 잔병들이 들어왔다. 그것은 내가 건강관리에 지혜롭지 못해서 그런 것도 있었다.

집회며, 공부며, 교회 사역이며 모든 것에 시간을 잘 조절해서 해야 했는데, 건강은 주님이 지켜 주실 것으로만 믿고 내 몸의 관리에 대해서는 무관심했다.

그래도 나는 쉴 줄 모르는 성격이라서 대책없이 못 말리는 생활을 했다. 그냥 기도만 열심히 했고, 열심히 공부하며, 열심히 집회를 다녔다. 나는 내 몸 관리보다 미련스럽게 공부하면서 종의 수업을 열심히 감당했다. 오직 주님의 뜻을 이루어드리는 여종이 되기 위해서 말이다,

비록 몸은 약하지만, 이 상태에서 최선을 다하여 주의 일을 감당할 때 주님께서는 놀라운 힘을 주셔서 말씀 선포와 찬양을 하게 하셨고, 주님의 보혈의 생명으로 다시 살려주신 주님을 증거할 때 듣는 이들이 회개하며 구원받는 모습을 보게 하심으로, 오히려 연약한 여종을 사용하심에 대한 감사로 주님께 영광을 돌리게 하셨던 것이다.

"내게 이르시기를 내 은혜가 네게 족하도다. 이는 내 능력이 약한 데서 온전하여 짐이라 하신 지라 이러므로 도리어 크게 기뻐함으로 나의 여러 약한 것들에 대하여 자랑하리니 이는 그리스도 의 능력으로 내게 머물게 하려 함이라"(고린도후서 12:9).

출산하기 전에 어느 날의 이야기다.
학교에서 어느 전도사님이 나에게 와서 집회를 부탁하였다. 자

기는 성남에 있는 OOOO장로교회에서 사역을 하는데 나환자촌 교회라고 하였다. 그런데 나는 선 뜻 대답하고 싶지가 않았다.

그냥 임신을 핑계를 대었다.

그런데 출산 후 나에게 또 집회 부탁을 하는 것이었다. 임신 중에 있는 내가 너무 힘들어하기에 아이를 출산할 때까지 기다렸다는 것이다.

그래서 대답한다는 말이 "내가 아직 아이 수유를 하기 때문에 좀 그런데요, 아이 젖을 뗀 후에 집회를 하지요"라고 했다.

그리고 한해가 지난 어느 날이었다.

그 전도사님이 나에게 또 찾아왔다. 이제는 가능하겠느냐고 묻는 것이었다. 이제는 도저히 거절을 할 수가 없어서 반갑지는 않았지만 억지로 대답을 했다. 그런데 3일 집회로 해달라는 것이었다.

나는 열심히 기도를 했다.

"주님, 나환자 촌 교회에서 집회를 하는데 아무 일이 없게 해주세요. 그리고 그분들이 내가 겁내고 있는 것을 눈치 채지 않게 해주세요."

이렇게 기도하는 나를 누가 알았다면 나를 어떻게 생각하겠는가! 나는 정말 부끄럽고 기도 같지 않은 기도를 열심히 했다.

그리고 집회 당일이 되었다.

한참을 올라가니 교회 입구가 눈에 들어왔다. 교회 가까이 가고 있는데, 뜨겁게 달아올라 지붕이 터질 것 같은 찬양 소리가 나에게 들려왔다.

나는 그 찬양 소리를 들으면서 눈물이 흘러내리기 시작했다.

저렇게 은혜를 사모하면서 뜨겁게 준비된 성도들인데 나는 얼마나 준비되지 못한 겁쟁이였나?

내가 부끄럽고, 민망하고, 미안해서 강대상에 올라설 수가 없을 정도였다.

그분들에게 고백하지는 않았지만, 나는 시작 기도에 눈물을 흘리면서 회개하는 마음으로 집회를 시작했다.

그분들은 이미 은혜 받을 준비가 되어 있었고, 얼마나 그 시간을 사모하여 기도로 준비했던지….

이렇게 3일간의 집회는 불의 역사가 일어나는 집회였다.

그분들은 나보다 더 뜨거웠고, 덜 떨어진 여종을 얼마나 사랑해 주었으며, 부족한 입술의 찬양과 말씀에 얼마나 은혜들을 받았는지, 나는 그분들의 뜨거운 신앙에 더불어 은혜를 받았다.

나는 3일 동안 아무것도 그분들을 위해 한 것이 없었다.

내가 줄 수 있는 것은 하나도 없었다. 그리고 은혜 될 만한 것을 준 것이 전혀 없었다. 이런 내 생각과 모습을 보니 얼마나 죄송스러운지….

나는 생각했다.

우리가 흔히 은혜 받았다 은혜를 못 받았다 하는 말들을 많이 한다. 그것은 목사의 설교나 강사의 설교가 능력이 있고 은혜를 끼치는 것보다, 우선 설교를 듣는 내 자신이 '얼마나 은혜를 사모하며 마음에 하나님의 말씀을 받을 준비가 되었는가' 이것이 은혜를 받고 못 받는 결정적인 열쇠라고 생각한다.

나는 이렇게 아직 제대로 갖추지 못한 종이었다.

뿐만 아니라 내가 그분들에게 은혜를 끼칠 것이 무엇이 있었겠는가. 그러나 성령님께서 나의 부족함을 아시기에 친히 역사하셨던 것이 느껴졌다. 오히려 나는 크게 회개하면서 3일 집회를 잘 마치게 되었다.

그리고 주의 종으로서 주님이 원하시는 곳이라면 아골 골짝 빈들에도 어디든지 갈 수 있는 건강과 담대한 믿음과 뜨거운 마음을 주시기를 또 기도했다.

이 일이 있은 지 얼마 안 되었는데 부평에서 집회 요청 전화가 왔다. 나는 부평 쪽에 있는 교회들을 많이 갔었기에 쉽게 집회 허락을 했다. 그리고 주일 오후, 집회 날짜가 되어서 그 교회를 찾아갔다.

주의 종은 세상의 일을 하는 것이 아니라 주님이 찾으시는 영혼들을 위해 영적인 일을 하는 일꾼들이다.

우리 주님께서는 외로운 자들과 가난한 자들의 친구가 되어 주셨고, 병약한 자들에게는 위로가 되셨고 사랑의 치료자가 되어 주셨다. 그리고 이 시간에도 병든 자와 소외된 자들을 위해 주의 일꾼들을 부르고 계시는 것이다.

하루 봉사를 위해 연예인 교회 청년들과 함께했다.

예수님께서 제자들을 부르실 때에 제자의 자격이 있어서 부르신 것이 아니었다. 제자들이 제자가 된 것은 전적인 하나님의 은혜인 것을 우리가 알고 있다. 베드로는 주님께서 친히 훈련시킨 수제자였다. 그런데도 주님의 고난의 자리에서 세 번씩이나 주님을 부인했던 그의 실패를 우리는 알고 있다.

그렇다.
이것이 인간의 연약성이라고 생각한다.
이렇게 연약한 속성을 가진 우리들을 주의 종 삼아 주셔서 훈련시키시는데 우리가 얼마나 온전하랴!

내 자신은 감히 베드로를 예로들어 말할 존재가 못된다. 나를 변명하려는 것이 아니라 이것은 인간의 연약성과 허술한 인격의 한 모습이라고 생각한다. 그러나 주님께서는 사랑의 끈을 늦추지 않으시고 계속 훈련시키는 가운데, 나를 붙잡으시고 한 가지 한 가지 넘어야 할 문제를 통과하도록 훈련하셨던 것이다.

28

만들어 가시는 성령님

훈련이란?

어떤 일의 목표를 위해서 배우고 익히는 일을 거듭하여 반복할 때 훈련되는 것이다. 이처럼 주님께서 뜻을 이루시기 위해 계속해서 반복 훈련하셨는데 주의 종이 되도록 계속 기도 훈련하시고 또 다른 다양한 사역으로 훈련시키셨다.

기도는 구원받은 백성들에게 생명선이며 능력이다.

이렇게 평신도들도 생명처럼 생각하며 기도를 하는데 주의 종들은 어떠해야 하겠는가.

사실상 나는 신학교에 다니면서 기도 훈련을 시작하게 되었다. 그 이전에는 기도한다고 해도 시간 있으면 기도하고, 또 내가 필요하면 기도하는 그런 단편적인 생활이었다. 그런데 신학을 하면서 기도 없이는 공부도 사역도 할 수 없음을 실제적으로 느끼며 깨닫게 되었다.

하나님께서는 주의 종에게 훈련의 기본이 되는 기도부터 시키시면서 기도하는 종으로 훈련하셨다.

기도뿐인가!

말씀을 묵상하는 훈련, 적용하는 훈련, 말씀으로 대인 관계하는 훈련 등 이 모든 훈련을 하는 가운데 가장 중요한 것은 인격적인 훈련이라고 생각했다.

이렇게 주의 종으로 만드시기 위해 외적 생활에서부터 내면의 생각과 영혼 깊숙한 곳에서 일어나는 변화까지 간섭하시는 것이다.

그 당시를 생각해보니, 이상하리만큼 나환자촌의 교회에서 집회가 계속 들어오는 것이었다. 처음에 섭외를 받았을 때 부끄러운 모습과 얄미운 생각을 회개하는 마음으로 기도했었다. 그리고 그 후부터는 어떤 교회에서 섭외가 들어와도 거절하지 않았다.

그래도 한편으로는 부담스런 마음이 있었다.

또 나환자촌에서 집회가 들어왔다.

춘천 가는 그 지역인데 그곳에 있는 교회에 가서 집회를 했었다. 그곳에서도 역시 큰 은혜를 나누고 하나님께 영광을 돌리는 집회가 되었다.

또 얼마 지난 다음에는 김천 지역 어느 마을에 있는 교회에 가서 집회를 하게 되었다.

역시 그곳에서도 큰 은혜를 나누었다.

또 어느 섬에도 나환자 교회가 있었다.

나는 또 배를 타고 들어가서 집회를 인도하기도 했다.

그런데 그런 지역에서는 집회가 이루어지는 것이 그 동네의 축제가 되었다.

동네잔치처럼 얼마나 좋아 하는지..... 그런 교회에서 몇일 동안 있게 되면 나는 공주 같은 대접을 받기도 했다.

이렇게 줄줄이 집회가 들어왔는데 이번에는 동두천 지역에서 집회가 들어왔다.

서울 침례 교회 집회

그 교회에서는 이런 집회를 처음 경험하는 것이란다. 그래서 얼마나 정성껏 집회를 준비했는지… 교회의 분위기와 그분들의 열정을 보아서 잘 알 수 있었다.

오히려 내가 그분들의 모습 속에서 더 뜨겁게 은혜를 받았던 것을 기억한다. 그리고 은혜 받은 간증을 나에게 전화로 고백해주는 분들도 있었다. 그런 현상이 도리어 하나님께서 나를 위로하시고 격려하시고 응원해 주시는 것으로 느껴지기도 했다.

이후 나환자촌에 전속 강사처럼 되어서 전국에 흩어져 있는 나환자촌 교회를 두루 두루 돌아다니게 되었다.

그런데 여러 번 경험하면서 느낀 것은 집단으로 생활을 하는 그분들에게 진실한 하나님의 위로가 필요하며, 따뜻한 사랑을 전하는 일이 꼭 필요하다는 것을 깨닫게 되었다.

그분들은 도중에 병을 앓게 된 분들이 대부분이었다.

모든 세상 생활을 다 버리고 온 가족이 집단생활을 위해 나환자촌으로 함께 들어와야 하는 것이다. 가족 중에 한 사람만 이 병에 걸려도 이 촌으로 함께 들어와야 하는 상황을 맞게 되는데, 이렇게 된 사람들의 그 입장과 본인과 가족들의 심정이 어떠하였겠는가.

인간은 다 똑같은 성정을 가진 자들로 건강하고, 행복하고, 편안하게 살기를 모두 원한다. 그런데 누가 이런 병에 걸리고 싶은 사람이 있겠는가.

가족이 병에 걸리면 버릴 수 없어서 온가족이 함께 집단생활로 모든 삶을 희생해야 하는 이런 상황 앞에서 아마 세상을 다 포기한 것 같은 고통에 휩싸여 기약 없는 감옥 같은 생활을 할 것이다.

철장도 없었다.

그 지역에는 경계선도 없었다.

다만 병을 앓았다는 이유로 이렇게 격리된 생활을 해야 했으니 그분들에게 무슨 소망이 있으랴.

그래서 그분들에게는 오직 예수밖에 없었다.

예수만이 그분들의 삶의 소망이었고, 예수만이 그들을 일으키고 붙잡아주는 능력의 손이었으며, 예수만이 진실하고 따뜻한 제일의 위로자였고 가장 좋은 친구가 되었던 것이다. 그래서 그분들에게는 예수만이 그분들 인생의 목표가 되었던 것이다.

세상을 향해서는 모든 것이 닫혀 있고 극도로 제한된 생활환경 속에 처한 그분들에게 있어 세상을 접할 수 있는 유일한 길은 오직 TV밖에는 없었다.

그것이 유일한 그분들의 문화생활이며 세상 문화를 즐길 수 있는 유일한 방법이었다.

여기서 우리는 '왜 우리가 예수 믿는 생활이 확실하지 않는지'를 생각해 보아야 한다. 우리는 보는 것이 많고, 갈 곳도 많고, 즐길 것이 너무나 많다. 그래서 세상을 즐기려면 어떤 것이든 선택할 수 있다.

얼마나 많은 것을 누리며 자유하고 사는가.

우리는 한번 생각해 보아야 한다.

왜 신앙생활이 게을러지는지를 돌아보고 생각해야 한다.

그런 세상 즐거움 속에 과연 예수님이 계신가 말이다.

이런 세상 것들이 눈과 마음과 생각을 붙잡고 있으면 우리는 그것들에서 헤어 나올 수 없다. 그래서 온통 세상 미디어에 마음을 빼앗기고 그 즐거움 속에 빠져 있지 않은가 말이다. 어떻게 보면 세상의 급변하는 전자 미디어가 오늘날 사람들에게 우상이 된 것 같은 생각이 든다.

요즘 목 디스크 발병률이 높은 이유 중에 큰 원인이 스마트폰에게 목을 빼앗겼기 때문이란다. 이렇게 우리가 옛날에는 상상도 못할 급변하는 시대에 살고 있다.

우리는 정신차리고 분별하여 신앙생활에 균형을 잃지 말아야 한다.

이런 세상 밖에서 사는 사람들은 그분들의 생활을 알 수 없으며 이해할 수도 없다. 주님의 심장으로 그분들을 보지 않으면 그런데 심정을 도저히 알 길이 없는 것이다.

그런데 그들의 고통과 역경이 더욱 주를 향하게 했고, 그 고난을 이길 수 있는 힘이 되었던 것이다.

진정 고난이 무엇인가.

우리는 적어도 이런 이웃의 고난을 마음에 담을 수 있는 영적인 여유가 있어야 한다. 이런 고난의 잔을 맛보지 못한 사람들은 고난이 어떤 것이라고 말할 수 없을 것이다.

고난의 잔은 원해서도 아니고, 좋아서 마시는 사람은 한 사람도 없을 것이다. 그런데 원치 않는 고난이 왔을 때 어떻게 소화할 것인가?

예수, 예수 없이는 어느 누구도 이 고난의 잔을 마실 수 없으리라. 그러니까 나만은 고난이 없이 살리라는 착각과 환상에 빠져서는 안 된다.

하나님의 뜻하신 바가 있다면 누구라도 고난의 잔을 마실 수 있다는 것을 생각해야 한다.

어떤 상황이 우리를 기다리고 있다 해도 결코 쓰러지지 말아야 한다. 주의 자녀들은 반드시 예수와 함께 이 고난을 뚫고 지나가야 한다.

"하나님이여 내가 부끄러워 낯이 뜨뜻하여 감히 나의 하나님을 향하여 얼굴을 들지 못하오니…"(에스라 9:6).

졸업하기 얼마 전의 일이었다.

어느 날 학교 수업을 마치고 집에 왔는데 우리 아줌마가 마산에서 집회 요청 전화가 왔다고 했다. 그리고는 밤에 다시 전화를 한다는 것이다.

드디어 전화가 왔다.

그분은 창원 지역 어느 교회의 장로님이신데, 그곳 교회에서 방 전도사님을 모시기로 만장일치로 결정했다는 것이다.

그 당시 창원은 시골 마을이었다.

듣기에는 기분이 나쁘지 않았지만 앞으로 졸업시험도 있고 해서 시간을 낼 수가 없다고 했다. 그리고 아들이 어리기 때문에 지방에 며칠을 가 있을 수가 없다고 했다. 아들에게는 엄마가 필요했기 때문이었다.

그래서 3일 집회를 하더라도 차로 왔다갔다할 수 있는 거리에만 집회를 했다.

교회 탐방 방송후 교회목사님, 장로님들과

아빠가 미국에서 공부하고 있었고 아이들은 내가 양육하기 때문에 집을 비울 수 없었기 때문이다.

나는 이 사정을 이야기하고 죄송하다고 양해를 구한 후 전화를 끊었다.

그런데 며칠 후 CBS 라디오방송 '교회 탐방'을 마치고 집에 들어왔더니 아주머니가 봉투를 주는 것이었다.

"편지가 왔네요."

받아보니 그 봉투 안에는 부산행 항공권이 들어 있었는데 두 장의 항공권이었다.

그래서 나는 마산에 전화를 했다.

"이게 무슨 표입니까? 왜 두 장을 보냈습니까?"

"아들 때문에 올 수 없다고 해서 아들과 같이 올 수 있도록 하기 위해서 표를 두 장 보냈습니다."

그리고 아들의 이름은 아주머니에게 물어서 알았다고 하는 것이다.

나는 멍해졌다.
한편 생각하면 감사한 일이다.
내가 무엇인데 얼마나 와주기를 바랐으면 이렇게까지 했을까. 그러나 주님이 또 내가 가기를 원하시는가 보다 생각하고, 이러한 집회 때문에 결석을 해야 하는 이유를 교수님들에게 말씀드리고 양해를 구했다.

이렇게 하여 나는 아장아장 걸으며 겨우 인사 정도 하는 아기 같은 어린 아들 한길이와 함께 3일간 창원 집회를 위해 여행을 하게 되었다.
아들도 엄마와 함께한 첫나들이, 첫 복음을 전하는 집회 여행이 된 것이다.
아들과 함께 김해 공항에 도착했는데 아무도 마중을 나오지 않은 것 같았다. 왜냐하면 공항에 도착하면 보통은 미리 여러 분들이 기다리고 있다가 인사를 하게 되는데, 누가 찾는 사람이 없는 것 같아서 두리번거리며 찾고 있었다.
그런데 조금 있다가 저쪽 문에서 걸어오는 한 분이 있었다.

그런데 그분은 검은 안경을 끼고 있었고 하얀 양복을 입고 있었다. 그분이 나에게 다가오면서 "방 전도사님, 어서 오세요" 하시는데 검은 안경 속에는 눈썹이 보이지 않았고 손은 장갑을 끼고 있었다. 역시 내 느낌이 맞았던 것이다.

"오시느라 수고했습니다. 교회는 마산이 아니고 창원 쪽인데 한
두 시간 가야 합니다."

나는 한참 동안 아무 생각도 하지 않았다.

한 대 얻어맞은 것 같은 기분도 들고, 그런데 곧이어 이런 생각
이 들었다.

'내가 아이를 핑계 대고 집회를 여러 번 거절했더니, 주님께서
아이와 함께 집회에 오도록 이렇게까지 계획하셨구나.'

'주님께서는 당신이 쓰시는 종을 훈련하기 위해 그냥 지나치지
않으시고 빠져나가지 못하도록 철저하게 하시는구나. 그래서 또
이런 경험을 하게 하시는구나.'

주님은 나의 의지와 관계없이 당신의 뜻을 위해 종으로 만들어
가신다는 것을 생각했다.

드디어 집회를 하게 되었는데 그분들은 찬양을 그렇게 뜨겁게
부를 수가 없었다. 주먹과 같은 손으로 소리도 잘 나지 않는 박수
를 치며 찬양하는 모습에 나는 목이 메었다. 그리고 말씀을 전할
때는 마음 문이 열려 있는 상태라서 은혜 받는 모습이 눈에 보이
는 듯했다.

예를 들면, 마른땅에 물을 부으면 속히 흠뻑 빨아들이듯이 집회
가 끝이 나도 목마른 듯 아쉬워하고 있었다. 그들에게 내일을 향
한 꿈을 심어 주었고, 주님을 위해 헌신할 수 있는 결단의 마음을
갖도록 말씀을 전하고, 또 함께 기도하였다.

짧은 시간들이었지만 그곳 교인들에게 구원받은 감격으로 힘
있게 신앙 생활을 하도록 격려해 주었다.

모든 상황과 환경적인 어려움을 이길 수 있도록 위로하고 변질되지 않는 신앙으로 승리하도록 말씀을 전하면서 주의 사랑과 은혜를 함께 나누고 돌아왔다.

집에 돌아와서 감사 기도를 드리고 주신 사례비를 보았다.

나는 또 한 번 놀랐다.

내가 생각지도 못했던 넘치는 사례비를 주신 것이다.

전화를 해서 너무 넘치게 주셨다고 했더니, 도리어 받은 은혜에 비교할 수 없어서 미안하다고 하시는 것이었다. 사례를 많이 받아서가 아니라 사연이 많은 집회였기에 잊을 수 없는 집회가 되었다.

나는 이렇게 전국에 흩어져 있는 나환자촌의 교회들을 순회한 것 같은 느낌이었는데, 나중에 알고 보니 나환자촌의 교회들은 서로 서로 연락이 된다고 했다.

나는 전국을 다니면서 먼 거리로만 생각했는데, 그분들은 거의 목축과 양계를 생업으로 하고 있어서 양계는 전국을 상대로 판매한다는 것이다.

그들은 양계 조합을 통해 서로 사업의 정보도 나누고, 교회의 정보나 신앙적인 은혜도 나누며 생활한다는 것이다. 그래서 누가 와서 은혜가 된다 하면 그 강사를 줄줄이 이어 집회 요청을 한다는 것이다.

어느 유명한 강사님들을 초청하고 싶어도 집회 요청에 응하지 않기 때문에, 은혜를 사모하는 그분들은 서로 서로 연락해서 강사를 소개받기도 하고 집회를 추천하기도 한단다.

나는 이 말을 듣고 또 마음이 아팠다.

내가 주님의 부르심을 입고 재헌신했던 독일에 있는 바움홀더 교회의 일을 생각하게 되었다.

그 교회 역시 교인 숫자가 많지 않았던 이유로 강사 초청을 거절당했고, 거리가 멀다는 이유로, 또는 시간이 없어서 못 간다는 이유로 거절당하지 않았던가. 이런 교회에 우리 주님께서 유명하지도 않고, 능력도 없는, 보잘것없는 이 사람을 보내셔서 실패를 맛보게 하시고, 주의 일은 내 능력으로 하는 것이 아니라고 하시면서 "내가 너를 쓰기를 원하노라"하며 나를 부르시지 않았는가.

역시 나환자촌의 교회도 마찬가지였다.

많은 사람들이 외면하는 처지에 놓여 있던 교인들에게 사실 나도 관심이 없었는데, 소외되고 외롭고 병든 이웃을 위해 "내가 너를 쓰기를 원하노라" 하시는 주님의 음성을 다시 확인할 수 있었다.

이런 사건들은 하나님이 주의 종으로 나를 훈련시키시는 과제였는데 반드시 통과해야 할 일이었다.

내 마음과 자세는 온전하지 못했지만 주님께서 세상적인 마음과 생각을 깎고, 다듬고, 두들기고, 다시 주물러서 주님이 쓰시기에 편한 도구로 만들어 사용하신다는 것을 알 수 있었다.

이제부터는 모든 것을 주님의 뜻에 따라 주님을 기쁘시게 해드리는 일을 하겠다고 다시 한 번 다짐했다.

"주의 말씀을 인하여 주의 뜻대로 이 모든 큰일을 행하사 주의 종에게 알게 하셨나이다"(사무엘하 7:21).

29

극동방송에 입사하다

우리 부부는 햇수로 약 5년간 서로 떨어져 있으면서 서로 헤어져서 신학을 했다. 나도 힘들었지만. 남편은 남편대로 주의 종이 되기 위한 훈련과 연단을 받고 있었다.

우리들에게 계획에 없었던 유학의 길이라서 어떤 준비도 없었고 무척 힘이 들었다. 남편은 만학이어서 학업도 힘들었지만 타국에서의 생활도 무척 힘이 들었을 것이다.

내가 총신을 졸업하던 해의 일이었다.

이제는 졸업하고 나면 시간적인 여유와 사역을 조절할 수 있어서 좋겠다고 기대하고 있었다.

그때는 지금 예능교회(전 연예인 교회)에서 교육 전도사로 일하고 있었는데, 내가 학교를 다닐 때부터 전도사로 일했기 때문에 계속 연예인 교회에서 사역을 했던 것이다. 그리고 집회 일정도 사역에 지장이 없도록 조절하면서 최선을 다해 열심히 사역하고 있었다.

그러던 어느 날, 당시 극동방송의 사장님이신 김장환 목사님께서 미국 집회를 다니시다가 남편을 만나게 되었고, 안부를 묻는 중에 남편이 어떻게 생활하는지를 알게 되셨다고 한다.

주님의 일을 위해 상상할 수 없는 고생을 하는 것을 보시고 마음에 감동을 받으셨단다. 왜냐하면 서울에서 우리들의 생활을 잘 알고 계셨기 때문이다. 그리고 귀국하셔서 곧 우리 집에 전화를 하셨다.

"방 전도사, 지금 속히 극동 방송으로 나올 수 있어?"

"무슨 일인데요?"

"응, 남편의 소식을 전하려고 하니 빨리 오지."

나는 무슨 일이 있나 하고 극동으로 달려갔다.

목사님을 만나니 목사님은 남편의 생활과 그 각오에 감동을 받으셨다고 하시면서 나를 도와주시려고 작정을 하셨단다. 그러시면서 나에게 "내가 방 전도사를 어떻게 도와주어야 도움이 될까?" 하시는 것이다.

사실 나는 사람의 도움을 받고 지내지를 않았고, 또 누구의 도움도 필요 없었기에 "저는 아무 도움이 필요 없어요. 주님이 지켜주시고 함께하시기 때문이죠"라고 말씀드렸다.

"그러면 방송국에 들어와서 근무하면 어떨까?"

그러나 말씀은 참 고맙지만 내 생활이 시간에 묶이기 때문에 별로 마음이 없었다.

또 이어서 하시는 말씀이 "아이들 세 명을 데리고 양육하려면 여러 가지로 힘들 텐데 의료 보험은 있어?"라고 하셔서 없다고 했더니 시간을 자유롭게 해서 일하라고 하신다.

만약 지방에 집회를 나가게 되면 미리 보고만 하고 다니라고 하신다. 그리고 평일 근무 시간에도 필요하면 시간을 편리하게 해 주겠다고 하시는 것이다.

목사님께서는 어떻게 하면 도움이 될까 하고 이런저런 방법을 말씀해 주시는 것이다. 내가 무슨 대단한 일을 할 것이라고 이렇게 배려해 주시는지….

목사님의 말씀이 얼마나 고맙고 감사한지, 나는 이렇게 하나님의 빽이 대단하다는 것을 깨달았다.

이렇게 하여 나는 극동방송에 입사하게 되었다.

나는 전도국에서 전도를 위한 일, 홍보라든가 기획하는 일, 또 방송국으로 전화 상담 들어오는 사람들을 상담해 주는 일을 했다.

내가 미국 오기전에는 나의 상사는 김용호 국장님이셨다.

1987년 봄까지 극동에서 상담을 해온 분들 중에 많은 분들이 나와

극동방송 전도국 근무 당시

상담을 했다. 그때는 극동의 상담자라는 이름과 신분으로 상담을 했기 때문에 내 이름을 밝히지 않고 상담했다.

상담할 때 참 힘들었던 것은 들어주는 것이었다. 그냥 전화기를 놓을 수가 없었다. 자신의 고통을 하염없이 쏟아 놓는데 말을 막을 길이 없었다.

어떤 사람은 한 시간 이상 혼자 쏟아 놓는 가운데 심령이 치유되었다는 사람도 있었다. 이렇게 들어주는 사람이 있으니 행복하다고 했다.

그렇다. 상담의 기본은 들어주는 것이다.

나는 상담을 맡으면서 듣는 훈련이 되었는데, 우리의 목회 현장에서 얼마나 도움이 되었는지 모른다. 그런데 당시 그렇게 훈련된 것이 있어서 그런지 교인들 상담하는 일이 자연스럽게 되었다. 그리고 상담한 교인들은 그렇게 모두 쏟아 놓고 한바탕 울며 다 풀고 나면 무척 시원해 했다.

실제로 내가 해줄 말은 별로 없고 혼자서 말하고 울고 때로는 혼자서 대답을 하곤 한다. 그러니까 상담은 내가 하는 것이 아니라 성령께서 친히 역사하시고 들어주는 가운데 모든 것을 해결하셨다

아울러 편지를 써서 상담하는 일 등을 하게 되었다.

편지 쓰는 일을 좀 힘들었다. 그러나 상대방은 그렇게 감사하고 기뻐하며 회신을 받는 것을 은혜로 생각하는 사람도 있었다.

그리고 방송 프로그램으로는 전파선교사들을 소개하는 방송과 새벽 6시에 중국, 러시아로 쏘는 방송 '방은미와 함께'라는 프로그램을 방송했고, 찬양과 대담 프로인 '찬양의 광장'이라는 프로를 방송하다가 미국으로 오게 되었다.

나는 방송에서 할 일이 없는 것으로 생각했었는데, 그런대로 할 일이 이것 저것 있었다. 그리고 극동 방송에서 일할 즈음에 기독교 방송에서 '교회 탐방'이라는 프로 진행자의 교섭이 왔다.

사실 그 프로는 모금 방송으로 교회들을 방문하면서 진행하는 프로였다. 그 교회의 부흥의 비결과 모든 행사와 목사님의 목회 소신을 소개하는 프로이면서, 교회를 방문했을 때 목사님과 장로님들을 만나서 기독교 방송의 어려운 상황을 소개하여 지원을 받

는 일을 하는 방송이었다.

참으로 방송을 위해서는 중요한 프로였고 내 진행도 중요한 사역이었다.

그 방송은 매주 수요일에 교회를 찾아다니면서 방송을 하여 주일날 저녁에 방송되는 프로인데, 수많은 교회들과 교인들이 청취하는 방송이었다.

나는 이렇게 다니며 방송을 진행할 때 신학을 했던 것이 얼마나 유익한 일이 되었는지, 교인들의 순서를 진행할 때 정말 성경을 많이 읽었거나 공부를 많이 했던 것을 알게 되었다.

1983년 극동에서 근무했던 친구 동료들.
맨 오른쪽 현재 미주 CTS 방송 진행자이신 이동진 목사님

성경을 많이 읽었다고 진행자가 되는 것은 아니지만, 신학을 공부한 것이 그분들과 대담할 때라든지 도움말을 한다든지 할 때, 진행에 많은 도움이 되고 대담의 내용을 교회적으로 또 성경적으

로 이끌 수 있게 하였다. 그래서 나는 또다시 전도사가 된 것을 주님께 높이 감사드렸다. 그로 인해 더 많은 교회를 알게 되었고, 그 후 더 많은 집회 섭외가 들어오게 된 것도 감사한 일이었다. 그렇게 하여 폭넓은 사역의 장이 열리게 되었고, 주의 종으로서 자리를 더욱 공고히 굳혀 가고 있었다.

극동방송에서 일하면서 실제적으로 도움이 되었던 것은 나의 신분상의 신용을 얻는 일이었다.

앞줄 왼쪽에 나의 상사였던
유관지 목사님과 극동 직원들

또 내가 도움을 받았던 것은 역시 의료 보험의 혜택이었다. 둘째 딸 정은이가 백일해가 걸렸는데 3개월 이상 치료해도 낫지를 않았다.

그래서 100일을 앓는다 하여 백일해라고 하는데, 정말 3개월가량 밤중에 숨이 넘어갈 정도로 기침을 하는데 내 가슴이 막히는 것 같은 고통과 가슴을 찢는 것 같은 아픔으로 밤을 지새운 날들이 매일 매일이었다.

그 백일해 기침 때문에 아이는 학교에도 가지 못하고 병원 신세를 지고 있었는데, 이런 상황에서 만일 보험이 없었다면 3개월 병원비가 나에게 엄청난 부담이었을 것이다.

또 아기였던 아들 한길이를 4살까지 얼마나 잔잔한 병치레를 많이 했는지…. 이렇게 아이들 병원비 혜택하며 큰 딸 정수의 축

농중 수술, 나의 정기 검사 등 다른 치료비와 약값까지 할인 받는 혜택들로 인하여 정말 부담없이 아이들을 키울 수 있었던 것은 정말 너무 감사한 일이었다.

김장환 목사님이 남편으로부터 감동받으셨던 일로 인하여 우리가 미국에 들어올 때까지 도와주셨던 것은, 하나님께서 종들이 통과해야 하는 연단 속에서도 구체적으로 돌보아주신 확실한 하나님의 은혜의 증거였다.

하나님의 은혜는 이웃의 사랑을 통해서, 즉 (김 목사님)을 통해서 역사하셨다는 것을 나는 증거한다.

"내가 산을 향하여 눈을 들리라 나의 도움이 어디에서 올꼬 나의 도움이 천지를 지으신 여호와에게 서로다. 여호와께서 너로 실족지 않게 하시며 너를 지키시는 자가 졸지 아니 하시리로다"(시편 121:1-3).

"여호와께서 너의 출입을 지금부터 영원까지 지키시리로다"(시편 121:8).

30

사례비 대신 뜨거운 땀으로

나는 집회 사역을 하는 동안 이런저런 경험을 많이 하였다.

사람들도 많이 만나게 되었고 폭넓은 교제도 하게 되었다.

그러나 무엇보다 중요한 것은 내 사역의 중심을 주님 뜻에 고정시키는 것이었다.

용종도를 향해

다양한 경험을 하면서 나도 사역자로 조금씩 자라고 틀을 잡아가고 있었다. 내가 전도사가 된 후에는 어느 곳이든 교회가 원하는 곳은 다 허락했지만 그전에는 건강상 조심했었다.

사실 내 건강은 좋은 상태가 아니었기에 시골까지 다니면서 집회하기에 힘이 들기도 하였다.

산후 조리도 채 하지 않고 주의 일에 몰두했기 때문에 사실 매사에 조심해야 하는 상황이었다. 그 대신 먼 곳은 하루 집회만 허락하며 다녔다. 왜냐하면 집에 어린아이들이 있었기 때문이다.

　한번은 강원도 지방인데 동네 이름이 생각이 나지 않는 작은 시골 마을이었다. 그곳은 시골 기차를 타고 가는 곳인데 내려서도 차로 한참을 들어가는 시골이었다.
　공기도 너무 깨끗하고 개울에서 흐르는 물소리가 대자연을 노래하는 듯 모든 것이 아름다운 곳이었다. 그런 지역을 청정지역이라고 말하지 않겠는가.
　맑은 물과 산과 나무들, 그리고 푸른 하늘의 한 조각 구름은 한 폭의 그림과도 같았다.
　아름다운 시골 풍경을 보니 가는 길의 피곤함이 싹 가시는 것 같았다.

　드디어 작은 교회에 도착했다.
　그 교회는 오래 전에 건축한 건물이라서 많이 낡아 있었다.
　시간이 되어 저녁 식사를 하는데 여러 가지 산채 나물들로 최고의 건강식, 다이어트식이었다. 그래서 그런지 그곳에 사시는 분들은 모두 건강하게 보였다.
　식사를 끝내고 집회를 하게 되었다.
　교회에 모이신 분들은 대부분 농사하시는 분들이었으며, 연세가 드신 분들이 대부분이었다.
　찬양을 함께 부르면 힘들지도 않고 좋을 텐데, 그냥 내 노래하는 모습을 가만히 보고만 있는 것이었다.
　'이런 상황을 누가 알 수 있을까?'

나는 마음이 무거워지고 어떻게 할 수가 없었다. 그리고 말씀을 전했는데도 아무 반응이 없고 역시 가만히 앉아서 나를 쳐다보며 나의 말을 듣고 있었다.

아멘으로 화답하는 것은 기대할 수도 없었다.

나는 정말 힘들게 집회를 끝냈는데, 집회가 끝나고 나니 교인들이 반갑게 웃으면서 대해 주는 것이었다.

집회가 진행될 때 이런 모습이었으면 얼마나 은혜스러웠을까.

이렇게 집회를 끝낸 뒤 친교를 마치고 숙소로 돌아왔다.

숙소는 목사님 댁으로 기억하는데 작은 초가집이었다.

아침에 일어나니 신선한 시골의 아침 공기는 말로 할 수 없이 깨끗하고 시원했다. 도시에서는 도무지 상상할 수 없는 공기인데, 들여마시면 육신뿐 아니라 영혼까지 깨끗해질 것 같았고, 더러운 마음까지도 깨끗하게 씻어질 것 같은 느낌이었다.

이런 환경은 분명 하나님이 주신 선물이라고 느끼기에 충분했다. 이렇게 공기 좋고 물 좋은 곳에서 신앙생활 하시는 분들은 아마 분명히 장수하실 것이라 생각되었다.

강원도 모 교회에서

집회를 마친 다음날 아침 식사를 끝내고 기차역으로 가기 위해 차에 오르려는데, 어느 분이 쌀은 아닌데 쌀가마니 같은 포대 하나를 차에다 싣는 것이었다.

그리고 떠나기 직전에 "이번 집회에 너무 은혜를 많이 받았습니다. 우리들의 성의로 옥수수 한 부대를 보냅니다"라고 했다.

나는 너무 당황했다.

"어머 고마운데요, 이걸 서울까지 가지고 갈 수가 없으니 받은 걸로 생각하겠습니다."

나는 안 가져갈 생각이었다. 그런데 가지고 갈 수 있으니까 걱정 말라고 하면서 차 문을 닫고 출발을 시킨 것이다.

'아! 큰일 났구나!' 라고 생각했다.

그분들이 기차에다가 옥수수 부대를 올려다 주었다. 그런데 내가 어떻게 이걸 가지고 갈 것인가?

그렇다고 도중에 버리고 갈 수도 없고 막막한 생각뿐이었다. 나는 이렇게 무거운 짐을 가지고 다녀본 적이 한 번도 없었다.

서울을 가지고 갈 것을 생각하니 한심스럽고 걱정이 가득했다.

지금은 모르겠다.

그 당시는 강원도 쪽은 청량리 역에서 승하차를 결국 청량리 역까지 왔고, 어떤 역원이 어쩔 줄 몰라 하는 나에게 지게 지는 사람을 불러 주었다. 그래서 택시 타는 곳까지 가서 그 옥수수 한 부대를 택시에다 싣고 방배동 집에까지 왔다. 옥수수 가마니는 내 손으로 가져온 것이 아니라 이렇게 지게와 택시가 실어다 주었다.

아주머니는 내가 가지고 온 가마니를 보고 "이것이 어떻게 된 거죠?”라고 물었다. 그래서 시골에서 보낸 것이라고 하며 옥수수 부대를 열어 보았다.

밑에서부터 위까지 꽉꽉 채워서 옥수수들이 서로 서로 꼼짝 할 수 없을 정도로 가득 채워져 있었다.

이렇게 풀어본 옥수수 한 부대가 엄청나게 많았다. 그래서 동네 이웃집에 퍼 나르고 여기저기 나누어도 넉넉했다.

강원도 옥수수라서 그런지 정말 맛이 있었다.

버리지 않고 집에까지 가지고 온 것을 잘했다고 생각하니 그분들에게 감사해야 할 일이었다. 형편이 어려운 교회이기에 사례비 대신 옥수수를 주신 것이다.

워낙 힘든 교회이므로 처음부터 나는 사례비 생각 없이 갔었다 그런데 이렇게 맛있는 옥수수를 많이 주셔서 이웃과 나눌 수 있었으니 고맙다는 인사는 내가 해야 하는데 오히려 내가 받고 왔던 것이다.

“병든 자를 고치며 죽은 자를 살리며 문둥이를 깨끗하게 하며 귀신을 쫓아내되 너희가 거저 받았으니 거저 주어라”(마태복음 10:8).

우리가 받은 은사는 주님으로부터 거저 받은 것이다.

또한 일할 수 있는 능력도 거저 받은 것이다.

내가 교회 다니면서 사례비 받는다는 것을 당연시하는 것은 참 염치가 없게 느껴졌다. 그러나 대부분 집회가 끝나면 교회에서 사례비를 주신다.

물론 사례비를 주시는 것은 감사한 일이다. 그러나 이렇게 손수 땀 흘려 농사한 것을 주시는 것은 더욱 의미가 있고, 가치 있는 사례라고 생각한다.

또 이런 일도 있었다.

충북 제천이라는 곳에 집회를 갔었다.

역시 이곳도 집회를 하는데 반응이 무척 무거웠다.

찬양이 보급이 안 된 지역 같았다.

그런 곳에는 차라리 찬양보다는 말씀을 이해하기 쉽게 전하는 것이 좋을 것 같았다.

나로서는 끝까지 최선을 다했으나 역시 힘든 집회였다.

시골의 분위기가 나와 익숙하지 않아서 하는 생각도 들었다. 나는 부족한대로 전했지만 주님께서 그분들 마음속에 성령님의 은혜가 있으리라 믿고 집회를 인도했다.

힘들게 집회를 하고 그곳에서 하루를 묵고 다음날 돌아오려는데 또 무슨 가마니를 들고 오시는 것이었다. 나는 힘든 마음이 있었지만 이번에는 거절을 하지 않았다.

왜냐하면 지난번에도 힘들었지만 가지고 갔기 때문이다.

그래서 "이것이 무엇인가요?"하고 물었더니 직접 따서 태양에 말린 태양초라고 했다. 즉 햇고추였던 것이다.

'고추가 한 가마니라니!'

너무 넘치는 선물을 받는 것 같았다.

감사하다고 몇 번이나 인사를 하고 집까지 가지고 오느라고 무척 힘이 들었다. 그러나 그 고추를 얼마나 잘 먹었는지 모른다. 그 고추 한가마니는 돈으로 비교할 수 없는 값어치였다.

　우리는 사례 받을 자격이 없다. 그러나 그분들은 받은 은혜에 감사하여 이런 사례를 하시곤 했다. 그 선물은 그분들의 한 해 동안 흘린 뜨거운 땀이었다.

　그렇게 받은 선물들은 친히 주님께서 직접 주시는 선물이라는 생각이 들었다. 왜냐하면 농산물은 주님께서 대자연을 통해서 주신 선물이기 때문이다.

"…분복을 받아 수고함으로 즐거워하게 하신 것은 하나님의 선물이라"(전도서 5:19).

31

불가능했던 미국 비자

남편과 헤어져서 지내는데 한해 두해, 세월을 보내는 일 또한 쉬운 일이 아니었다. Daniel 목사님이 우리가 헤어져서 지내는 것을 안타까워하셨다.

그래서 미국으로 부르실 때는 집회보다 더 많은 날을 체류하도록 비행기표를 만들어 보내주셨다. 실상 나는 한국에서 집회 스케줄이 무척 바쁜 일정이었지만 목사님의 배려에 따르기로 했다.

그래서 집회를 마친 후 남편과 약 한 달가량 머물곤 하였다.

이것은 남편과 좋은 시간을 보내라고 특별히 배려해 주시는 목사님의 사랑이었고 하나님의 은혜였다.

미국 사람들은 이렇게 부부가 몇 년씩 헤어져 있는 것은 상상도 못하는 일이고 불가능하게 생각한단다.

이렇게 목사님의 관심과 사랑을 받으며 지내고 있었다.

그런데 목사님은 연로하심에도 불구하고 복음에 대한 대단한 열정으로 집회를 하셨다. 비행기로 여러 주를 옮겨 다니시면서 집회를 하시는데, 대부분 약 3-4천 명 가량 모이는 집회들이었다.

그런데 1986년도에 했던 집회는 Enterprise, Alabama와 Cocoa beach, Florida 집회였다.

Cocoa beach 집회를 하는 가운데 목사님이 병원에 실려 가셨다. 그런데도 계속 집회를 강행군하셨다.

나는 마음이 이상했다.

그것은 목사님이 연로하시기 때문이다. 그런 가운데 목사님은 1987년도 해외 집회를 계획하시고 추진하셨다.

봄에는 인도 집회, 그리고 가을에는 유럽집회를 계획하셨다.

나에게 알게 한 것은 그렇게 알고 내 일정을 조절하라는 뜻이었다.

1986년 초봄에 미국 집회를 마치고 한국에 왔는데 며칠이 안되어 편지가 왔다. 남편이 있는 곳에서 한인들이 교회를 개척하려고 하는데 개척할 주의 종이 없다고 했다. 그래서 남편이 맡아 주기를 원한다는 것이었다.

처음에는 남편이 공부 때문에 안 된다고 거절을 했다고 한다.

앞에서도 말했지만 "우리는 대전에서 개척할 계획으로 기도 중에 있었습니다"라고 말했다. 한국에서도 개척이 어려운데 미국에서 개척한다는 것은 말할 수 없이 어려운 일이라는 것을 잘 알고 있었다.

그래서 나는 남편에게 편지를 썼다.

왜 우리가 안되는지 그 이유를 장황하게 늘어놓았다.

즉, 생활에 대한 대책도 없는 일은 하나님의 뜻이 아닌 것으로 생각한다고 했다. 미국 생활이 어떠함을 너무 잘 알고 있었기 때문이다.

빨리 공부를 끝내고 대전에서 개척하자고 했다. 그리고 나는 계획성 없이 상황에 밀려가는 그런 일을 결코 하고 싶지 않았다.

내 성격은 계획없이 하는 일, 준비되지 않은 일은 하지 않는 성격이었다. 그런데 믿음을 앞세워 대책도 없이, 더욱이 이민 성격을 띤 발걸음은 뗄 수가 없었다.

물론 하나님은 우리의 생각과 계획과는 관계없이 일하시지만, 그래서 나는 하나님의 뜻을 알 수가 없었다.

그때까지만 해도 나는 내가 이해할 수 있고, 타당성이 있고, 자연스럽게 되는 일이 하나님의 뜻이라 생각했다.

기독교 방송 '새롭게하소서' 행사 중에

그렇게 실랑이를 했는데, 그해 초여름에 초청장이 날라왔다.

내용은 교회의 초청이 아닌 유학생 가족 초청이었다. 이것은 비자를 거의 받을 수 없는 어려운 초청장이라는 것을 잘 알고 있었다. 그리고 유학생 비자는 어떤 일도 할 수 없다는 것을 왜 모르겠는가.

이런 움직임은 내 마음을 더욱 주저앉게 했다. 만약 미국 거주가 생활과 일이 보장된 위치의 생활이라면 몰라도 그래서 또 나는 거절을 했다.

교회가 재정이 풍부하고, 교인 수도 많고, 능력 있는 교회의 초청이면 수속이 가능하다고 한다. 그런데 지금은 교회를 개척하는 입장에서 교인이 몇 명 안 되고, 미자립 상태에서는 초청이 불가능한 것이다.

이런 불가능한 상황에서 "왜 초청장을 보냈느냐?"라고 물었다.

남편이 초청장을 보낸 이유는, 교회 개척으로 모인 교인들이 사모가 있어야 한다는 것이다. 그래서 초청해서 데리고 오라는 권유가 있었기 때문에, 교회의 상황으로는 초청이 안 되고 해서 자신의 신분이 유학생이므로 유학생 가족 초청을 했다는 것이다.

이것도 불가능한 것이, 거의 5년이나 헤어져 살다가 초청이라니, 그것도 아이들이 세 명이나 되는데….

나의 큰아이는 17세가 넘었기 때문에 이런 수속은 유학생 생활이라고 인정할 수 없다는 것이다. 수속상으로 볼 때 분명한 이민 성격의 초청이라는 것이다. 유학생 신분으로 절대로는 많은 숫자의 가족을 초청하는 것이 성립되지 않는다는 것이다. 일을 할 수 없는 신분으로서 5인 가족의 생계가 문제가 되기 때문에 불가능하다는 것이다. 그래서 대사관에서 설득력이 없는 초청은 절대로 비자를 못 받는다고 여행사에서 말해주었다. 그리고 여행사에서 하는 말이 결국은 돈만 낭비하는 일이라고 못을 박았다. 그래서 나는 교인들에게도 우리가 미국 가는 것을 포기하라고, 말하라고 당부했다.

광주 체육관 집회

이렇게 몇 개월이 지나고, 1987년 1월 1일 아침에 전화가 왔다.

"여보 나야, 새해 복 많이 받아요" 그러더니 곧바로 "수속하는 거야, 어떻게 되는 거야?" 하는 것이었다.

나는 "여보, 수속할 필요 없이 빨리 나와요" 했더니 "당신은 믿음이 없는 사람이야! 하나님의 뜻을 왜 이렇게 어렵게 만들고 있어" 하면서 나무라는 것이었다.

"글쎄 안 된다니까요." 했더니 "응답을 받았으니까 수속해 봐!"

그래서 "수속비만 버리고도 안 되는 일이래요" 라고 했다.

"수속비 신경쓰지 말고 시작이나 해."

"나는 모르겠어요."

"나는 한국에서 하는 일이 많고 무척 바쁘기 때문에 수속을 할 수 없어요" 라며 딱 잘라 말했다.

이렇게 우리는 정월 초하루부터 전화로 조율이 안 되는 답답한 다툼을 했던 것이다.

남편은 평소 누구에게 부탁을 하는 사람이 아니다.

내가 하도 수속이 안 된다고 강력하게 이론을 내 놓았더니 남편이 이 사실을 Daniel 목사님에게 알렸단다.

목사님은 만약 이렇게라도 가족이 올 수 있다면 추천서를 써주겠다고 했단다. 그리고 속히 들어오기를 기도하자고 했단다.

남편은 그 추천서를 받아 들고 자신있게 나에게 보냈다.

목사님이 보낸 서류는 "당신의 사역에 필요한 사람이다" 라고 썼단다. 그래서 이 추천장이 나에게 도착했다.

그리고 남편은 이 서류라도 같이 제출하라고 말했다.

사실 목사님의 선교회는 "World Mission of Christ"인데 차라리 이 이름으로 된 초청장이었으면 가능했다. 그러나 목사님은 내가 미국에 올 의향이 없는 것으로 알고 있었기 때문에 유학생 초청을 위한 추천만 해달라고 했으니 그렇게 된 것이다.

미국 사람들은 자기가 척척 미리 알아서 해주는 일은 절대로 없다. 그래서 기도하기를 "되어도 주님의 뜻, 안 되도 주님의 뜻입니다"라고 기도했다.

수속비를 버려도 남편의 마음을 편하게 하려는 것이니 모든 것을 주님 뜻대로 해달라고 기도했던 것이다.

정초 연휴를 마치고 나는 수속을 시작했다.

여권을 내는 데도 일주일이 걸린다고 했는데, 네 명의 여권인데 하루 만에 나왔다.

여행사에서 이상하다고 했다. 그리고 비자 인터뷰를 신청하는데 그것도 당일에 쉽게 되었다.

여행사에서 주의를 주었다. 만약 영사가 공부 마치면 귀국할 것이냐고 물을 텐데 "꼭 귀국합니다"라고 대답하라고 시켰다.

나는 그냥 알았다고 하고 대사관으로 갔다.

나는 늦게 대사관으로 갔다.

내가 앉은 자리는 맨 뒷줄 왼쪽이었다. 그러니 이제 한두 줄을 인터뷰를 하고 있는데, 내 순서가 되려면 업무가 끝날 때쯤 될 것 같았다.

아주 포기하고 책을 읽고 있었는데 이상한 일이 생겼다.

이민관이 가로줄로 차례 차례 옆으로 내보내더니, 이제는 세로

줄로 내가 앉은 줄 쪽으로 내보내는 것이었다.

나는 왼쪽으로 맨 끝에서 두 번째 앞줄에 앉아 있었다.

그러니까 순서로 말한다면 실상 내 줄이 맨 앞줄이 되는 셈이다.

이렇게 바꾸어서 내보내도 아무도 이민관의 행동에 불만을 표시하는 사람이 한 사람도 없었다.

엿장수 맘대로, 즉 이민관 마음대로였다. 이렇게 하여 나는 세로줄 끝에 앉아서 쉽게 차례를 얻을 수 있었다.

아침 9시경에 들어가서 10시경에 끝났으니 이것도 이해가 안 되는 하나님이 은혜였다. 이런 현상은 절대로 우연이 아니었다. 이것도 내가 바쁜 줄 아시고 이렇게 차례를 만들어 주신 것으로 생각했다.

드디어 내 순서가 왔다.

역시 안경을 낀 영사가 나를 보자마자 냉정한 표정으로 서류를 뒤지지도 않고 나에게 묻는다.

"공부를 마치면 귀국할 것입니까?"

그 순간 나는 멍해지는 것 같았다.

"네"라고 하면 거짓말이 될 것이고 "아니요"라고 하면 비자를 못 받을 것이고…. 난 그 영사의 눈을 똑바로 보면서 순간 마음속으로 기도하며 생각했다.

여행사에서 미리 귀띔을 해주었지만 정말 이렇게 물을 것을 기대하지는 않았다. 그런데 좀 당황스럽기도 하고, 이 순간 내 말에 의해서 가부가 결정될 것이라 생각했다. 그리고 '내가 누구인가?'

순간 나를 의식했다.

'나는 전도사이다. 그래서 절대로 거짓말은 할 수 없다. 진실을 말해야 한다.'

"난 지금 아무것도 알 수 없어요. 그때 가봐야 알지요."

그렇게 내답했더니 그 영사가 눈이 똥그래지면서 나를 뚫어지게 보는 것이었다.

한참 눈싸움을 한 것 같았다.

나는 거짓말을 한 것이 아니니까 하나님께서 하실 것이라는 믿음으로 그를 똑바로 바라보았더니, 그 영사도 초점이 흐트러지지 않고 내 얼굴에 자기의 눈이 멈추어 있었다.

째깍 째깍 흐르는 초바늘이 얼마나 나를 긴장하게 하는지 몇 분이 흐른 것같이 초조했다.

그때 영사의 표정이 풀어지면서 "You are Right" 하는 것이었다.

내가 끝까지 흐트러지지 않은 태도로 그 영사를 응시했던 것이 그에게 믿음을 주었던 것이라 생각한다.

그리고는 도장을 쾅쾅 찍어 주었다.

그때 나는 생각했다.

믿는 사람은 언제 어디서나, 어떤 상황에서도 절대 거짓말을 해서는 안 된다는 것이다.

나는 되든 안 되든 관계없는 편안한 마음이었기에 오히려 솔직하게 말할 수 있었다고 생각한다. 그런데 하나님은 솔직한 나의 태도를 오히려 기뻐하셨던 것이다. 남들이 다 불가능하다는 유학생 가족 비자를 받은 것이다.

왜 기쁘지 않았겠는가!

여행사에서 이것은 기적이라고 놀라면서 "어떻게 비자를 받았느냐"고 물었다.

나는 "나도 모르겠다"고 하면서 하나님이 주신 것이라고 말했다.

나는 기쁘기도 했지만 실제로 한 대 얻어맞은 기분이 들었다. 물론 아이들과 남편과 함께 지낼 것을 생각하면 싫을 사람이 어디 있겠는가. 그러나 또 한편으론 가족이 아무도 없는 홀어머니를 뒤에 남겨 놓을 것을 생각하면 마음이 너무 아팠다.

그리고 여자 나이 40년 동안 살았던 살림이 아닌가!

얼마나 살림에 대해서도 애착이 있었겠는가? 이제 안정된 나이가 아닌가! 세상적으로 생각할 때 재미있게 살던 살림들이다.

연예인 교회가 준 감사패

그런데 이 모든 것을 다 버리고 떠나야 한다는 것이 그렇게 쉽지만은 않았다.

그렇다고 개척 교회하는 사람이 이 많은 살림을 다 끌고 갈 수도 없고 다 버려야 하는 상황에서, 나그네와 같이 빈손으로 이주해야 한다고 생각하니 기가 막히고 착잡한 마음이 엇갈렸다.

그리고 신학을 졸업하고 주의 종으로서 쉴 사이 없이 활발한 사역이 눈앞에 있었고, 세상 말로 말하면 인정받고 잘 나가는 사역자로 터를 굳혀가고 있었는데, 이러한 나의 생활을 포기해야 한다니 내 마음이 무척 힘들었던 것이다.

그런데 남들이 다 불가능하다고 하는 비자를 쉽게 받게 된 것을 어떤 뜻으로 받아야 하겠는가.

우리는 한국에서 교회를 세우려는 뜻으로 기도했었는데 이건 또 무슨 뜻인가 말이다.

기도를 하는데 혼란스러웠다. 앞으로 무슨 기도를 어떻게 해야 할지….

그러나 미국을 가는 것이 하나님의 계획과 뜻이라면 순종해야 한다는 마음으로 정리가 되었다.

내 뜻을 포기하는 기도를 하기 시작했다.

수속 문제로 남편과 다툼을 할 때 남편이 나에게 이런 말을 했던 것이 생각났다.

"당신이 한국에서 참 하나님의 종으로 주의 일을 하는 거요? 내가 느끼기에 당신이 한국에 살기를 고집하는 것은 당신의 만족을 위한 일이라고 느껴지며, 주의 종이라고 하면서 명예와 얻어지는 물질에 대한 미련이 있어서 떠나기 싫은 것으로 보여지는데, 당신 자신이 냉정하게 생각하며 기도하세요."

남편은 나의 영적 상황을 잘 꼬집어 주었다.

사실 남편의 말이 틀린 말은 아니었다.

탄탄하게 내 사역이 자리를 잡아가고 있는 상황에서 나의 위치를 포기하는 것이 어렵고 싫었다.

남편의 목회를 위해서 나의 사역과 욕망을 버리고 나를 희생한다는 것이 정말 싫었던 것이다. 그래서 하나님의 뜻을 명확히 알

고, 내가 포기하기 어려운 이유가 무엇인가를 분석하는 기도를 했
다. 그런데 그 속에 나의 욕심과 만족을 추구하는 포장된 열정이
자리하고 있었던 것을 보게 되었다.

주의 일을 열심히 했지만, 어떤 면에서는 위장된 나의 욕망과
만족을 채우고 있었던 것을 깨닫게 된 것이다. 내가 한국을 떠나
기가 싫고 힘들었던 것은 바로 이 때문이었다.

나는 회개와 아울러 마음을 정리하는 기도를 하는데, 하나님
께서 말씀으로 하나 하나 내 마음을 잘 정리할 수 있도록 잡아 주
셨다.

"내가 진실로 너희에게 이르노니 하나님의 나라를 위하여 집이나
아내나 형제나 부모나 자녀와 전토를 버린 자는 금세에 있어 여러
배를 받고 내세에 영생을 받지 못할 자가 없느니라"(누가복음 18:29-
30).

"여호와께서 아브람에게 이르시되 너는 너의 본토 친척 아비 집을
떠나 내가 네게 지시할 땅으로 가라 내가 너로 큰 민족을 이루고
네게 복을 주어 네 이름을 창대케 하리니 너는 복의 근원이 될지
라"(창세기 12:1-2).

아브람을 내 입장과 비교할 수는 없다.
그러나 나는 이 말씀을 붙들고 기도했다.
"너의 본토 친척 아비 집을 떠나….

말씀 앞에 섰지만, 실상 나는 어머니를 홀로 남겨 놓고 떠나는
것이 마음이 무척 아팠다. 그러나 우리 가족의 떠남이 하나님의
명령이라면 불순종할 수 없는 상황에 놓인 것이다. 그래서 내 어

머니보다 먼저 하나님의 명령을 따라야 할 것이라고 생각하고 마음을 다졌다.

"내가 네게 지시할 땅으로 가라."

내 생각으로 이왕이면 LA 나 뉴욕 같으면 내가 활동하기도 좋을 텐데. 왜 하필이면 시골구석에 있는 Tampa란 말인가?

그 당시에는 Tampa란 도시 이름도 잘 모를 때였다.

그런데 아브람은 어떤 곳인지도 모르고 오로지 하나님의 인도하심만 믿고 떠났는데… 나도 아무 이유, 조건 없이 행해야 하는 순간에 서 있게 되었다. 이제 나는 그곳에 내가 알지 못하는 하나님의 위대한 계획과 뜻이 있는 것으로 믿어야 하는 것이다.

"내가 너로 큰 민족을 이루고 네게 복을 주어 네 이름을 창대케 하리니."

우리는 교회 설립을 위해서 이주하는 것이다.

나는 기도했다.

"너는 복의 근원이 될지라"

아브람이 순종하는 믿음으로 복의 근원이 된 것처럼 나도 복의 근원이 되는 순종하는 믿음을 갖기를 간절히 기도했다.

"전지전능하신 주여! 우리는 한치 앞도 내다볼 수 없는 미력하고 유한한 존재들입니다. 주님 앞에 모든 삶을 의탁하오니 오직 주의 뜻과 영광을 위하여 일하게 하시고 온전한 사역으로 교회를 세우게 하옵소서.

Tampa는 미국의 동남부에서도 남쪽 끝에 있는 도시입니다.

Tampa에 주님께서 피로 값 주고 사신 주의 교회 위에 십자가 탑을 높이 세워 주의 복음이 온전히 전파되게 하시고, 주님 오실 때 들림 받는 교회 되게 하시며, 구원의 방주 사명을 온전히 감당하는 교회로 우뚝 세워 주시고, 구원받는 자의 수가 날마다 더해가는 영적 부흥과 숫자적인 부흥을 이루어 주소서.

교회를 위한 우리들의 사역에 영적인 복과 세상의 복을 주시고 자녀들에게 형통과 평탄의 복을 주시며, 항상 승리하게 하시고, 많은 사람들에게 본이 되는 삶으로 주님의 살아 계신 증거가 되게 하옵소서. 예수님의 이름으로 기도합니다. 아멘.”

32

주여 어찌하오리이까?

그렇게 힘들고 어렵다는 비자를 1987년 1월 7일에 받았다.

나는 꼭 끌려가는 것 같은 생각도 들었고 한국에서 내몰리는 것 같은 마음도 들었다. 꼭 누군가가 등을 떠다미는 것 같았다. 이것을 신앙적으로 말하면 하나님의 뜻으로 한국을 떠나는 것이라고 할 수 있었다.

그래도 내 인생의 황금시기인 40대에 또 다른 인생을 시작하는데 확실하게 이민을 가는 것도 취업이 되어서 가는 것도 아니었다.

나의 모든 것을 버리고 떠나야 하는 상황이었다.

나는 이론적으로는 안다.

예수님께서도 제자들을 부르실 때 모든 것을 버리고 나를 따르라고 말씀하셨다. 이렇게 모든 것을 버리고 따르는 자가 바로 예수님의 제자가 된다는 것이었다. 그러나 솔직하게 이런 현실에 처한 내 입장은 정말 피하고 싶은 마음이었다. 즉, 순종의 마음이 아니었다.

전무한 상태에서 황무지를 갈려고 복음의 쟁기를 들고 묵은 땅을 기경하러 떠나는 발걸음이었다. 나는 개척을 위해 무장하지 못했고, 개척에 믿음이 없었다. 그러니 내 마음이 얼마나 무거웠으랴!

그나마 내 스스로 위로하는 것은, 비록 미국의 척박한 땅에서 개척 교회로 고생은 하겠지만, 가족과 함께할 수 있고, 자녀들의 교육을 위한 새로운 생활이 우리를 기다리고 있을 것 같았다.

또 한편 기대가 되는 것은 Daniel 목사님과 앞으로 하게 될 집회 사역이었다. 그것은 이미 Daniel 목사님과 가게 될 인도 집회와 또 다른 유럽 집회들이 있었다. 그런데 작년에 미국 집회를 했을 때, 목사님이 아파서 쓰러지셨던 것은 이미 암을 앓고 계셨기 때문이다.

내가 기억하기로는 목사님이 척추암 말기로 투병하셨다. 그런데도 아주 쓰러질 때까지 집회를 하셨던 것이다. 워낙 노령이시라서 집회가 힘드셨지만 당신의 병으로 인하여 집회를 취소하지 않으셨다.

그야말로 마지막 건강, 마지막 전파까지 하나님께 드리고 영혼 구원을 위해 자신을 드리시겠다고 했다.

어떻든 간에 그 해에는 인도 집회,

어느 교회에서

독일 집회 등 큰 집회를 계획하고 있었다.

내가 한국에서 1월 초에 비자를 받았다는 소식을 들으시고 참으로 기뻐하셨다.

그리고 역시 집회할 것에 대해서 기도하고 자신의 건강을 위해 기도하라고 연락이 왔다.

그런데 3월 중순경에 미국에서 소식이 왔다.

갑자기 소천하셨다는 소식이었다.

나는 내 부친은 아니지만 우리에게 잘해 주셨던 것을 생각하며, 또 몇 년 동안 그분의 집회에 함께 동반하게 해주셨던 것을 감사하며 좋았던 날들을 추억했다. 그리고 한동안 내 부친을 잃은 것 같은 슬픔으로 내 마음속에서 진한 눈물이 넘실거리고 있었다.

그분이 소천하셨다는 슬픔도 있었지만, 왠지 미국 생활에서의 모든 기대가 무너지는 것 같았다. 살아 계시면 우리 목회에도 여러모로 도움을 주셨을 것이다. 그런데 그나마 한가닥 기대했던 목사님께서 소천하셨으니 당장 뛰어가서 문상을 하지도 못하고 남편만 참석을 했었다.

E.J. Daniel 목사님과 함께

이렇게 하여 우리를 도와주시던 목사님의 도움의 은혜는 여기까지였던 것이다. 즉, Daniel 목사님의 도움은 우리가 미국에 들어오기까지 필요했던 것이다. 하나님은 자로 잰 듯이 우리를 위해 이렇게 일하셨다.

나는 기도했다.

"하나님, 몇 년만 더 살려 주시지 그러셨습니까? 그러면 우리에게 도움이 되지 않았겠습니까? 그리고 나도 찬양하며 활동 할 수 있었을 것이고 말입니다. 왜 이렇게 그나마 기대했던 모든 것을 끊으십니까? 하나님, 이런 상황을 어떻게 이해해야 합니까?"

나는 내 형편을 놓고 깊은 생각으로 기도를 드렸다.

이렇게 항의 기도를 드리고 있던 중에 하나님께서 내 마음에 이런 응답을 하셨다.

아브람이 사람의 생각과 방법을 사용했을 때 실패했던 사실을 내 마음에 깨닫게 해주셨다. 그리고 하나님은 아브람의 실패까지도 전화위복이 되게 하셨다. 오직 그분의 능력만 바라보게 하시는 당신의 훈련을 생각하게 하셨다.

그러니까 내가 목사님을 기대하고 목사님으로부터 도움을 기대했던 것이 잘못된 생각임을 알게 하셨다

그분이 더 오래 사셨으면 분명히 나는 그분과의 사역에 몰두하고 그분을 의지했을 것이다.

솔직히 나는 그분의 도움을 기대했으니까 말이다.

하나님은 나의 찬양이 주된 사역이 아니라 개척 사역이 주라는 것을 알게 하셨다. 그리고 앞으로 사람을 의지하거나 도움을 기대하기보다 하나님만 바라보게 하셨다. 하나님의 일은 하나님께서 친히 인도하시고 역사하신다는 것을 알게 하셨다.

이런 하나님의 뜻에 순종하는 것이 하나님께 영광을 돌리는 일이었다. 그래서 목사님을 의지했던 것을 완전히 끊게 하신 것이라

는 생각이 들었다.

또한 현실적으로 내 활동도 완전히 끊으시고 사람에 대한 기대
도 완전히 끊어 놓으신 것이다. 그 이후 목사님께서 남편의 장학
금을 도와주시는 것도 다 끊어지게 되었다. 이렇게 목사님은 우리
가 미국에 들어오기 한 달 전에 소천하심으로 우리와의 관계는 다
끊어진 것이다.

목사님이 우리를 도우심에는 한계가 있었다.

그러니 그 도움을 기대한다는 것이 얼마나 연약하고 믿음 없는
생각이었나를 돌아보게 되었다. 사람을 의지하면서 주의 길을 가
는 것이 아니라, 힘들고 어려워도 하나님께서 친히 역사하시는 하
나님의 능력을 바라보는 것이 하나님께
영광이며, 그런 삶을 살게 하시려는 하
나님의 계획이 있었던 것이다.

나는 이 현실을 깊이 묵상해 보았다.

우리가 인생을 살아갈 때 생의 어떤
전환점을 만나는 단계가 있음을 생각하
게 되었다. 무심코 살아가기 때문에 의
식하지 못할 뿐이다.

행복하고 평안한 단계가 있으면 또 원
치 않는 고난의 단계도 있게 된다.

극동 방송 현관에서(구 건물)

그런가 하면 또다시 고난에서 회복하는 승리하는 단계도 있을 것이다.

물론 인생의 단계를 의식하면서 사는 사람은 한 사람도 없다. 그러나 우리는 인생의 전환점이나 어떤 단계를 의식하면서 앞에 놓인 삶을 인정하고 적응해 나가야 한다.

분명히 이 단계는 우리 인생을 성숙하게 하기 위해서 또는 업그레이드시키는 하나님의 훈련이 될 수도 있다.

사람이 이 단계를 속히 깨닫고 인정하며 받아들이면 모든 것을 해결할 수 있고 또 발전하게 될 것이다. 그래야 어떤 힘든 일이 있어도 감당할 수 있고 이길 수 있는 것이다.

그러나 이런 상황을 이해하지 못하고 머물러 있으면 그 사람은 절대로 발전할 수 없다. 그래서 성숙한 삶을 살려면 사람을 의지하는 것이 아니라 반드시 하나님과 함께 동행하는 삶을 살아야 모든 것이 가능하고 그 가운데서 성숙한 믿음으로 성장하게 되는 것이다. 그러나 무작정 살다보면, 어떤 단계가 왔을 때 의식하지 못하고 실망하고 좌절하고 쉽게 포기하게 된다. 그리하여 어떤 사람들은 세상을 원망하기도 하고 사람을 원망하기도 한다.

만약 극한 단계를 직면하게 되면 인생이 끝난 것처럼 생각하여 끝내 이기지 못하고 생을 포기하기도 한다.

이런 경우는 하나님이 인생을 주관하신다는 신앙이 없기 때문에 이런 비극적인 일들이 생기는 것이다.

지금까지 살아온 인생을 뒤돌아보자.

하나님이 우리를 안아주시고, 업어주시고, 인도하신 그 발자국을 보게 될 것이다. 그리고 중요한 단계에서 고통의 터널을 통과한 것을 체험했을 것이다.

또 생각하게 된 것은, 인생길에서 행하는 모든 일도 한계가 있는 것을 깨달았다.

어떤 도움을 주고받는 것도 한계가 있다. 그 이상은 없다. 그래서 사람에게 악한 일이나 선한 일도 절대로 영원한 것이 없는 것이다.

그러니까 나의 인생에 있어서 한국 생활은 여기까지였다.

그리고 미국 이민을 위해서 다리 역할을 해주셨던 분이 Daniel 목사님이셨다.

또한 Daniel 목사님을 만나게 해주셨던 분은 바로 김장환 목사님이시다. 김장환 목사님은 한국생활에서 극동방송을 통하여 우리에게 위로가 되게 하시고 도움이 되게 하셨다. 역시 김 목사님도 한국에서 내 사역과 생활을 위해 필요한 도움의 손길이 되게 하시려고 만나게 해주셨다.

하나님께서는 이렇게 우리 인생길에 음으로 양으로 도와주시는 분들을 예비해 두셨던 것이다. 그래서 이민 목회를 하기까지 내 인생에 두 분 목사님의 도움은 여기까지라고 확인하게 되었다.

이런 상황을 받아들이고, 한편으로는 모든 것이 염려가 되었지만 내 마음을 주님 앞에 내려놓았다.

아브람에게도 우리가 알지 못하는 어떤 힘든 감정이 없었겠는가. 오죽하면 아브람도 부끄러운 실수를 하지 않았는가 말이다.

그러나 아브람이 위대한 것은 실수나 두려움을 경험하면서도 오직 하나님에게 순종했다는 사실이다.

나에게도 아무것도 보이지 않지만 개척 교회를 위하여 오직 순종만이 요구되었고 그것이 내가 해야 할 숙제였다.

앞이 막막하게 느껴지고, 언제 그 개척의 광야 길을 통과하여 지나갈 수 있을까! 그나마 기대했던 것을 완전히 포기하고 나니 메마른 광야에 홀로 선 것 같은 느낌이었다.

눈 앞에는 아무 도움도 없고, 언제까지라는 기약도 없고, 아무것도 없는 개척의 현장에서⋯

"주님, 어디로 가야 합니까?"

"주님, 어떻게 일해야 합니까?"

"주님, 이 광야는 언제까지입니까?"

"나의 도움이 어디에서 올까 나의 도움은! 천지를 지으신 여호와에게서로다"는 것을 생각하며, 오직 주님께서 친히 일하시기만을 바라는 것이 내 삶의 현실이 되어 버렸다.

"천하에 범사가 기한이 있고 모든 목적이 이룰 때가 있나니"(전도서 3:1).

33

너희들이 내 고통을 알아!

그렇게 받기 힘든 비자를 이상하게 생각될 만큼 속히, 쉽게 받은 것이 하나님의 뜻임을 서서히 알게 되었다. 내가 비자를 받는 일이며, 모든 것이 쉽게 착착 진행된 것은 개척 교회를 세우기 위해서 미국으로 몰아가시는 하나님의 계획이었던 것이다. 그래서 나는 더 이상 따지지 않고 하나님의 뜻으로 받고 하나 하나 정리하면서 이주를 결심했다.

첫째로, 내 마음을 정리해야 하고 내 생활을 정리해야 했다.

일에 지치거나 피곤할 때 쉼을 주고, 시름을 풀게 하는 편안한 어머니 품 같은 내 집, 지금까지 내 생활은 나에게 기쁨과 만족을 주었던 삶이었으며, 나는 그렇게 익숙한 생활을 했었다.

그리고 내 주변에는 그동안 삶의 무게만큼이나 사랑을 나누었던 정든 이웃들, 한국의 구석 구석 복음을 들고 다녔던 정든 땅을 추억 속에 남겨 두어야 했다.

마음껏 활개를 치며 뛰어다니던 도시들, 시골, 산천, 계곡, 바다는 삶을 아름답게 장식했던 내 인생무대였다.

이제 나는 이렇게 나에게 기쁨을 주며, 나를 자라게 했고, 나를 품어주었던 내 땅을 뒤로 하고 떠나야 한다.

내 삶의 무대였던 정든 땅을 등 뒤로 돌리고 떠난다는 것은 엄청난 결단과 각오가 요구되었다.

또 여자 나이 40에 자녀들이 세 명인데 얼마나 살림이 많았겠는가? 실제로 가지고 갈 수 없는 것들이라 이웃과 친구에게 나누어주었다. 여기저기 나누는데 참 마음이 슬펐다.

그런 것들도 역시 몇십 년 동안 나와 정든 물건이었고, 사실상 아까운 물건도 많이 있었다. 아깝기도 했지만 내 마음과 손에 길들여진 것들이 아닌가. 어느 것 하나 정들지 않은 것이 없었다.

그런데 아무리 값진 물건이라고 해도 실상 미국생활에 적합한 물건들은 아니었다. 나도 아까움에 대한 미련을 버리고, 모든 것을 정리하고 또 이렇게 정리하는데도 몇 개월이 걸렸다.

그리고 이민 보따리를 만들어서 우송할 준비를 했다.

그렇다.

내가 비자 받을 때 영사 앞에서 언제 나올지 모른다는 말은 진실이었다.

나는 한국에 다시 오고 싶어도, 교회 사역을 하는 남편이 언제 다시 한국에 온다는 보장이 있겠는가?

이제 한국을 떠나면 언제 우리 가족이 한국에서 같이 숨쉬고, 내 땅의 음식을 먹을 수 있겠는가.

실제로 이렇게 한국을 떠나면 돌아올 수 없는 것이 우리의 현실이 될 것이라는 생각을 했다.

나는 애국자까지는 아닌데도 이민을 간다는 것이 내 마음에 부담스럽고 왠지 끌려 나가는 것 같았다. 그냥 몇 년 동안 살려고 가는 것도 아니고, 긴 여행을 떠나는 것도 아니다. 이 길은 이민만을 목적으로 가는 것이 아니라 목회를 위해서 가야 하는 길이었다.

처음에 초청장이 왔을 때, "아범이 초청장을 이렇게 보냈어요"라고 어머니에게 말했다. 어머니는 내가 고민하고 있는 모습을 보시고 신앙적인 말씀보다는 "가족은 함께 모여 살아야 한다. 아이들이 계속 성장하는데 아이들을 생각해라"라고 하셨다.

미국에 보내고 싶은 마음은 없지만 가족들을 생각해서 들어가라고 말씀하셨다. 그것은 아빠와 가족이 헤어진 지가 벌써 4년이 넘었기 때문이다. 이런 상황에서 어머니는 아빠가 가족과 함께 살아야 하는 것을 당연한 것으로 생각하셨다. 그러나 나를 이 세상에 내어준 내 어머니의 품을 떠날 생각을 하니 마음이 얼마나 아팠는지 모른다.

그래도 떠나야 하는 현실 앞에서 마음을 다지고 또 다지면서 이민을 준비하게 되었다.

또 둘째로 힘들었던 것은, 나에게 구원과 영생을, 그리고 내가 주의 종이 되기까지 나를 길러준 나의 모교회를 마음에 묻어야 했고, 그리고 내가 사역하던 모교회(구 연예인 교회)에서의 모든 사역을 정리해야 한다는 것이었다.

초등학교 6학년까지의 아동부와 청년부를 시간을 달리해서 사

역했던 일들, 그 사역을 인수인계하는 것도 꼭 무엇에게 빼앗기는
듯 내 마음을 슬프게 했다.

구원받은 나의 모교회를 떠난다는 사실과 정든 지체들과의 헤
어짐이 무척 마음에 아팠다.

사역에 대한 열정을 내려놓는다는 것이 이렇게 나 힘들었다는
것을 사람들은 이해할 수 있을런지….

내가 가르치던 아이들과 선생님들, 그리고 가르치고 상담해 주
었던 청년들과 헤어지는 것은 꼭 내 자녀들과 헤어지는 것 같았
다. 나에게서 사랑을 먹고 지내던 아이들에서부터 청년들까지 내
마음에서 쉽게 내려놓지 못했다.

청년들도 울고, 나도 울었다.

지금은 그들 중에서 주의 종이 몇 명 배출되었고 사모님도 몇
명 나왔다. 모두 나의 소중한 제자들이다. 그중에는 지금도 왕래
하는 사모님이 있다.

그리고 셋째로 괴로웠던 것은, 나의 개인 집회 사역의 모든 것
을 버리고 떠나야 하는 것을 내 마음에서 포기하기가 힘들었다.

극동방송에서 생활하던 일이며, 기독교 방송에서 방송 사역하
던 모든 것을 내려놓아야 하는데, 모든 것을 빼앗긴 것 같은 텅빈
고통이라고 할까.

어느 누가 나의 모든 것, 빼앗긴 것 같은 이 괴로움을 알 수 있
을까.

내가 신학교에 다닐 때는 연예인으로 여자 전도사가 없던 때라
서 무척 인정받고 사랑받는 가운데 크고 작은 집회에 분주하게 다

니면서 일을 했었다.

그 당시 나의 활동은 한여름에 물오른 맛있는 과일과 같았다.

집회 사역으로 인기가 절정에 있었는데, 이 사역이 내 마음을 붙잡고 놓아주지 않았다.

이제 이곳을 떠나면 나는 존재도 없이 개척 교회에 파묻히게 될 터인데….

개척 교회를 하면 내 사역은 완전히 희생될 것이 불을 보듯 뻔한 일이었다. 이 현실이 내 마음을 무척 아프게 했던 것이다.

정말 개척 교회가 아니었으면 내가 미국에 가야 할 일이 없었다.

혼신을 다해 찬양사역 했다

그런데 이제는 나의 개인적인 생활을 완전히 버려야 하는 시간이 왔다. 곧 방은미 전도사의 사역은 그대로 과거 속에 묻혀버리게 되고 사라지게 될 것이다. 아울러 방은미라는 이름도 사람들의 머릿속에서 잊혀지고 사라져 버리게 될 것이다.

이것이 하나님의 뜻이라면 내가 아무리 발버둥을 친다 해도 어쩔 수 없는 일이다.

또 정말 괴로운 것이 있었는데 그것은 나의 목소리이다.

오래전 나는 세상 노래를 하던 가수 방은미였고, 이제는 복음가수로 찬양을 하는 방은미 전도사이다.

그런데 개척 교회를 위해 이곳을 떠나면 나는 내 목소리를 잊어야 하는 처지에 놓이게 된다.

찬양할 수 있다고? 아니다. 개척 교회 현장에서는 절대로 그렇게 할 수 없었다.

나를 만족게 하자고 찬양집회를 다닐 수 없기 때문이다.

나는 참 많이 울었다. '나'를 잊어야 한다는 것이 얼마나 고통스러운 일인지 누가 이 고통을 알겠는가.

나는 지금 교회 설립을 위해서 나의 모든 것을 포기해야 하는 인생의 전환점에 서 있는 것이다.

나, 나, 나를 몽땅 버려야 하고 포기해야 한다.

내 인생을 몽땅 빼앗긴 것 같은 이런 내 마음은 정말 내가 신앙이 없어서일까? 기도를 하고 또 해도 내 마음속의 이런 고통은 없어지지 않았다.

사람들은 희생과 고통 앞에 서 있는 자의 마음을 도저히 이해할 수 없을 것이다. 왜냐하면 자기의 일이 아니기 때문이다.

"그래, 정말 너희들이 내 고통을 알아?"

절대로 내게 처한 내 마음의 고통을 어느 누구도 내가 느끼는 것처럼 아파할 사람은 없다.

이런 현실에 대해서 나는 누구에게도 동정을 받거나 위로받으려는 것이 아니다.

누구에게 말한다고 한 가지인들 해결될 일이 아니고, 오히려 나의 부끄러운 모습만 보일 뿐이다.

또 무리에게 이르시되 아무든지 나를 따라 오려거든 자기를 부인

나는 베드로도 아니고 사도 바울도 아니다.

그래서 믿음의 선조들과 같은 신앙을 보여 줄 수 없는 것이 또한 나를 더 괴롭게 했다.

과연 내가 주의 종인가! 이런 상태의 내가 과연 남편의 개척 사역에 사모로서 내조를 잘 할 수 있을까.

긍정적인 성격의 어머니

또 내 마음을 아프게 한 가장 힘든 네 번째 이유가 있었는데 그것은 홀로 계신 어머니를 남겨 두고 떠나야 하는 것이었다.

어머니는 그동안 내가 홀로 아이들을 키우면서 힘들게 사는 모습을 다 보고 계셨다. 혼자 힘들어 하는 모습을 안타까워하시며 여러모로 도와주셨다. 내가 혼자서 이리저리 바쁘고 힘들어 할 때, 나의 세 아이들을 금쪽같이 위해주시며 돌보아 주셨다.

그리고 유학으로 인하여 가족과 약 4년 이상 헤어져서 홀로 살았던 사위를 안타까워하시던 어머니!

이제는 가족이 함께 모여 살게 된 것을 그저 좋아하셨던 어머니!

그래서 자신이 외롭고 고독해지는 것을 생각지 않으시고 가족이 합해야 한다고 하셨던 어머니!

“아이들이 자라 가는데 아버지가 얼마나 필요한지 아느냐?”

내가 홀어머니 밑에서 자랐기에, 더욱 나를 끔찍하게 사랑으로 교육하셨던 어머니!

사위를 그렇게 위하시고, 사위를 아들처럼 의지했던 어머니!

사위가 목사이기에 아낌없이 도와주시던 어머니!

가족을 모두 떠나보내야 하는 현실 앞에서도 외로움과 슬픔을 끝내 감추시던 어머니!

때론 살림을 정리하는 과정을 보시다가 괴로움을 이기지 못하고 가끔 히스테리를 부리시던 어머니!

어머니는 처음에는 몇 마디 하시더니 점점 말이 없어지셨다.

딸의 앞날에 대해 어떤 의견도 말씀하지 않으셨다.

어머니가 점점 괴로워하신다는 증거였다.

나는 이런 어머니의 상황을 보는 것이 얼마나 괴로웠는지 모른다. 그 누가 내 마음을 알까!

나는 어머니의 마음을 잘 알기 때문에 지금도 생각하면 가슴이 저리고 눈물이 앞을 가린다.

그래서 더욱 떠나지 않으려 했던 것이다.

이제 우리가 이대로 떠나면 어머니와 함께 모여 산다는 것은 기약할 수 없는 일이었다.

어머니가 생각할 때 이 현실은 생이별하는 것처럼 생각하셨을 것이다. 형제도 없으시고 일가친척도 없으신 혈혈단신이신 어머니이시다.

우리는 이산가족이 되어서 이렇게 외로운 가족들이 되어 살아야 했던 것이다. 내가 이런 어머니를 뒤로 하고 떠난다는 것이 얼마나 큰 고통인지를 그 누가 알겠는가!

자다가 깨어나도 절대로 내 이런 아픔과 고통을 알 사람이 없다는 말이다.

이제 우리가 한국을 떠나야 할 날이 왔다.

그날은 1987년 4월 25일이다.

아침에 일찍 일어나서 아이들을 준비시켰다.

아이들은 할머니와 엄마의 말할 수 없는 아픔이 교차하는 것을 알 길이 없었다.

큰 딸은 막연하게 할머니가 혼자 계셔서 외로우시겠다고 걱정하는 말을 했다. 그러나 두 아이는 아빠를 보러 간다는 것에 그냥 들떠 있었다.

막내는 아빠를 모른다.

평소에 그냥 사진으로 아빠의 얼굴을 익히게 해준 것밖에 없다. 그래도 아빠를 만나러 간다는 것이 무척 좋았는지 아이들은 마냥 좋아했다.

출발하기 전 집에서의 마지막 아침 식사 시간이었다.

그런데 어머니가 부엌에서 들어오시지 않았다.

어머니는 부엌에 말없이 조용히 앉아 계셨다.

무엇인가 생각하시는 것 같은 모습을 보면서 어머니가 울고 계신 것을 알 수 있었다.

내가 어머니를 부르려고 나갔다가 그냥 들어왔다.

정말 내가 어머니를 부르면 금방 울음이 터질 것 같았고, 실상 나도 눈물샘에서 눈물이 터져 나올 것 같은 슬픔이 내 가슴에도 차 있었다.

나는 평소에도 효녀가 못되었지만, 이제 어머니의 마음을 이렇게 슬프게 만들고 있으니 정말 불효녀가 된 것 같았다.

나는 지금도 그때를 생각하면 눈물이 솟구쳐 나오고, 가슴이 뛰고, 목이 메어서 가슴이 아프다. 이것이 어머니와 나와 함께 살던 서울 생활의 마지막이 되었다.

드디어 집을 떠나야 할 시간이 되었다.

어머니가 공항에 나가시겠다고 했다.

나는 어머니가 오시는 것을 말렸다.

왜냐하면 가족을 몽땅 다 떠나보내고 텅빈 마음으로 홀로 돌아오실 어머니를 생각하니 가슴이 미어졌다.

어머니는 아이들과 공항에서 작별하기를 원하셨지만, 나는 집에서 아이들과 작별의 시간을 갖도록 하였다.

아이들을 하나 하나 안아 주시고 일일이 당부하시던 어머니!

나에게는 "아범 잘 받들고, 아이들 잘 교육하고, 살림 잘하고, 가족 건강, 네 건강 잘 지켜라"고 신앙적인 말씀은 아니지만 어머니의 잔소리 같은 말씀들을 떠나는 나에게 남겨 주셨다.

이 글을 쓰는데 어머니의 음성이 들리는 듯 목이 메이고, 가슴이 시리고, 마음속에 눈물이 흐르고 있다.

나는 떠나는 차안에서 백미러로 어머니를 끝까지 바라보았다. 땅에 박힌 망부석처럼 서 있는 어머니, 조각처럼 굳어진 어머니의 얼굴, 소낙비 내리듯 금방이라도 우실 것 같은 어머니!

어머니는 그저 멀어져가는 우리 차만 계속 바라보시고 서 계
셨다.

졸지에 새끼들을 몽땅 잃은 어미 새가 빈 둥지만을 멍하니 바라
보는 것 같았다.

이것이 한국에서 헤어진 어머니와의 마지막 장면이 되었다.

그때 그 아픔을 어떻게 말로 다 표현할 수 있겠는가.

지금도 그때를 생각하면 내 마음 깊은 곳으로 아직도 슬픔의 강
물이 흐른다.

이런 아픔을 누가 알랴!

남편도 내가 이런 아픔을 갖고 있는 줄 몰랐을 것이다.

그래서 나는 미국행에 대해서 이런저런 이유로 하나님의 뜻을
모르겠다고 한 것이다. 그리고 안 가는 것도 하나님의 뜻일 거라
고 고집한 것은 실상은 내 어머니 때문이었다.

나는 어머니를 뒤로 하고 떠나면서 하나님께 기도했다.

"주의 사역을 위해 떠나는 자녀들을 위해 희생하시는 어머니입
니다. 하나님께서 어머니의 보호자가 되어 주시고, 항상 함께하시
는 은혜와 복으로 지켜 주시옵소서. 어머니가 구원의 확신을 가지
고 자녀들의 사역을 위해 기도하는 영적인 어머니가 되게 하옵시
고, 기도함으로 하나님이 함께하심을 의식하게 하시며 마음이 외
롭지 않게 하옵소서. 아무도 보살필 수 없는 상황 속에서 어머니를
눈동자처럼 지켜 주시옵소서. 이

외롭게 홀로 신앙생활 하셨던 어머니

여종은 오직 주님만 의지하면서 떠납니다. 예수님 이름으로 간절히 기도합니다."

나는 한시도 어머니를 잊은 적이 없었다. 홀로 계시기 때문이기도 하지만 어머니에게 구원의 확신이 없었기 때문이다. 그래서 헤어져 살면서 쉬지 않고 기도한 내용이 어머니의 구원이 기도 제목 No,1이었다.

이렇게 힘들고 아픈 이별의 사연을 만들어야 하는 상황에서, 이 모든 고통을 뒤로 하고 떠나야 하는 것이 나의 입장이었다.

결국 모든 것을 버리고 떠나야 했던 이 상황들이 나에게 말할 수 없는 희생을 요구하고 있었던 것이다.

"여호와께서 아브람에게 이르시되 너는 너의 본토 친척 아비 집을 떠나 내가 네게 지시할 땅으로 가라 내가 너로 큰 민족을 이루고 네게 복을 주어 네 이름을 창대케 하리니 너는 복의 근원이 될지라"(창세기 12:1-2).

물론 이것이 하나님의 뜻이라면 내가 아무리 발버둥을 쳐도 소용없다는 것을 안다. 그래서 더 야단맞기 전에 내 희생을 생각하기보다 하나님께 순종하는 것이 먼저라는 것을 받아들이게 되었다.

그리고 하나님의 뜻을 이루어드리는 일꾼이 되기 위하여,

뭇영혼들을 구원하는 천국 확장을 위하여,

영적인 가나안으로, 미지의 땅으로….

34

모 교회여, 안녕히!

연예인 교회 전도사로서 마지막 주일 학교 예배에 설교를 하는 데 목이 메어 오는 것 같았다. 비록 부족한 여종이었지만 본 교회에서 3년 8개월 동안 사역을 했었는데, 이제는 그 사역의 마침표를 찍는 마지막 예배가 된 것이다. 내가 가르쳤던 학생들에게 이제 나는 잊어져야 하는 사람이 된 것이다. 학생들은 아무것도 모른다. 그러나 이렇게 아프고 섭섭한 마음이 나만 있는 것은 아니었다.

개척 교회 때부터 함께 신앙생활을 해오던 우리 성도들이 헤어지는 것에 대해 무척 섭섭해 했다.

우리 가정을 위해서 기도해 주시던 권사님들도 많이 섭섭해 하셨다. 남편은 본 교회에서 봉사를 많이 했기 때문에 연세 드신 분들로부터 많은 사랑을 받았던 집사였다. 그리고 내가 전도사가 되어 사역하는 것을 그렇게 기뻐하시면서 계속 기도해 주시던 권사님들이셨다.

그뿐이랴. 교회의 지체라기보다 친가족처럼 지내던 교회 개척 맴버인 옛 가족들, 정말 누구 집에 숟가락이 몇 개 있는 것까지도 다 알고 지내던 옛 가족들이다. 그리고 한사람 한사람 장점도 알고 허물도 알지만 그것을 탓하지 않고 덮어주며 사랑하던 가족들이다. 나는 실제로 친척이 없는 외로운 사람이라 이런 사랑의 옛 가족들에게서 마음을 끊을 수가 없었다. 내가 사랑을 받은 것은 연예인으로 본 교회에서 처음 여자 전도사가 되었다는 나에 대한 이미지도 있었다.

그래서 교회에서는 방은미 전도사를 이렇게 조용히 나가게 할 수 없다고 했다. 그리고 연예인 교회에서 전무후무한 송별 예배 및 송별회를 특별히 마련해 주셨다. 교회 옆에 있는 큰 레스토랑의 이층을 통째로 빌려 예배와 송별회를 마련해 주신 것이다.

지금까지 많은 주의 종들이 사임을 했었는데 사실상 예배 중 인사로 대신하고 그냥 헤어졌다. 그런데 나의 경우는 교회와 교인들, 학부형들과 청년들이 그냥 지나갈 수 없다고 하시면서 준비를 하셨는데, 그날 저녁 모인 인원이 약 50명 이상이었다.

그날 이층 전체를 빌리는 것과 회식비의 모든 비용은 고 곽정환 장로님께서 부담하셨다. 교회에서 이런 금액을 송별회 비용으로 지불할 이유가 없지 않은가.

많은 분들이 함께 눈물을 흘리면서 예배에 동참해 주셨다.

나는 나대로 나를 다시 낳게 해주신 모교회에 대한 감사한 마음이 있어서, 아무도 생각하지 않은 일이었지만 언젠가는 있어야 할 일이라고 생각하고 미리 작정헌금을 한 것이 있었다. 그것은 바로 예능 교회 건축헌금이었다.

그때는 건축헌금이란 말도 건축에 대한 생각도 없었던 때였다. 내가 작정한 금액은 현재 예능 교회의 건축의 씨앗이 되었다고 생각해본다. 이것은 항상 내 마음 깊숙한 곳에 연예인 교회는 영적인 어머니 품 같은 교회로, 이제 교회를 떠나면서 내가 구원받게 되었던 모교회를 향한 감사의 마음과 간절한 사랑의 마음이라고 생각한다.

사랑하는 가족들이여 안녕히 계세요(마지막 인사)

그 당시 교회는 포화 상태였고 건물도 수리해야 할 부분들이 이곳 저곳 여러 곳이 있었다. 그래서 언젠가 있을 건축에 나도 동참하고 싶은 마음이 있어서 작정헌금으로 미리 적금을 들고 있었다.

나는 기도하면서 액수를 정하고 이미 몇 년 동안 계속 적금을 넣었다. 그런데 이제 내가 미국으로 들어가게 된 것이다.

나는 내 어머니 생활비도 온라인으로 지불하도록 했기 때문에 그 아이디어가 생각났던 것이다. 그래서 나는 아직 몇 개월 미납된 그 통장과 내 도장을 교회에다 건축 헌금으로 드렸다. 이 통장이 완불되면 교회에다 건축헌금이라고 적고 올려달라고 부탁했다. 이 건축헌금이 연예인 교회인 나의 모교회에 드리는 마지막 드림이 되었던 것이다.

후일 이 드림은 현재 예능 교회당 건축을 위한 건축헌금의 첫 열매가 되었던 것이 내 마음을 참 기쁘게 했다.

하나님도 기뻐하셨으리라 믿는다.

그 사연을 아시게 된 장로님은 감동하셨다.

그리고 그날 밤 곽 장로님은 나에게 금일봉을 전해 주셨다.

나는 이 은혜를 받으려고 한 것이 절대 아니었다.

그러나 참으로 그날 밤 송별회는 감동적인 시간이 되었다.

이러한 아름다운 일들은 오랜 동안 그리스도의 사랑 안에서 맺은 한 가족 된 것을 증명하는 것이다. 그래서 나는 지금도 한국에 들어갈 때마다 이 가족들과 사랑의 교제를 계속 나누고 있다.

또 내가 지도하던 청년부 지체들에게 역시 넘치는 사랑의 선물을 받았다. 나도 내 청년들을 사랑했지만 청년들이 나를 너무 사랑하는 것이다.

청년들이니까 장래 일에 대해서 얼마나 생각이 많았겠는가?

그런데 나는 일단 나이가 있는 전도사이기 때문에 깊은 인생 상담을 할 수 있으니까 더 좋아한 것이다. 직장 문제, 부모와의 갈등 문제, 결혼 문제, 앞날에 대한 진로 문제 등등 수많은 사연들을 상담해 주는 가운데 깊이 정이 들었던 것이다.

처음에는 교회 문턱만 밟고 다니던 청년들이 성경 공부를 통해 서서히 변화되었다. 그들이 변화되면서 나에 대한 기대와 사랑도 더욱 자랐던 것이다.

내가 한 일은 없다. 오직 성령께서 말씀을 통해 사랑하는 청년들을 변화시켰던 것이다.

또 나이 비슷한 전도사가 아니라 나이가 있는 여자 전도사이기 때문에 이런 일이 가능했던 것으로 생각한다. 이렇게 지도하던 청년들 중에 3명이 주의 종이 되어 목회를 하고 있다.

지금은 연락이 다 끊어졌지만, 그 후에 한국에 나가서 집회할 때 나를 찾아와서 말해 주었기 때문에 알게 된 것이다.

나와 함께했던 청년들은 모두 나의 영적인 자녀들이다.

드디어 출국하는 날이 왔다.

나는 예기치 않았던 일에 깜짝 놀랐다.

요즘은 어떤지 모르지만, 한동안 김포공항에서 교인들이 출국 직전에 환송 예배(?)로 찬양하는 진풍경을 많이 볼 수 있었다.

그런데 공항에 가보니 최성욱 목사님과 연예인 교회 권사님들, 집사님들, 그리고 청년들이 많이 나와 있었다.

환송을 기다리고 있는 것이었다. 그것은 사랑하는 마음으로, 이별의 아쉬운 마음으로 모인 성도들의 아름다운 발걸음이었다.

최성욱목사님과 교인들과 청년들

어찌되었든 나는 참 행복한 사람이다. 공항에는 무척 많은 교인들이 나와 주었다.

최성욱 목사님이 둘러서서 기도해 주심으로 환송의 마침표를 찍었다. 교인들은 다만 힘든 마음으로 아이들 세 명을 데리고 떠나는 나를 위로하고자 모인 발걸음이었다. 그리고 눈 앞에 기다리고 있는 개척의 현장에서 힘내라고 응원해 주시는 환송이었다.

그때 최성욱 목사님은 우리 연예인 교회의 수석 부목사님이었다. 최 목사님은 이 시대에 새로운 도전을 안겨 주며 영혼들을 주께로 이끌고 가는 영적인 주의 종이다.

지금은 강남에서 크게 목회로 성공하신 분이다.

최 목사님과는 지금까지도 사랑의 교제를 하고 있다.

나는 성도들의 그런 풍성한 위로가 있었기에 모교회를 더욱 잊을 수 없는 것이다. 물론 당시 성도님들 중 이미 천국에 가셨거나 교회를 떠난 분들도 많이 있다. 그러나 아직도 그 자리를 지키는 초창기 성도님들이 교회를 위해 자리를 지키며 남아 있다.

이렇게 모든 분들은 잊을 수 없는 나의 영원한 영적 가족들이다.

우리 연예인 교회는 사랑의 교회였다.

연예인 교회는 분열을 용납하지 않는 교회였다.

연예인 교회는 이웃을 품고 이웃의 아픔을 나누는 교회였다.

연예인 교회는 지상의 아름다운 주님의 공동체였다.

나는 모든 교회들에게 말한다.

오늘날 세상에 흩어져 있는 교회들이 무엇을 하고 있는지!

교세 확장이 우선이 아니라 예수님께서 이 땅에 교회를 세우신 목적을 잃지 말아야 할 것이다. 그러므로 우리는 주님의 마음을 가져야 할 것이다.

영혼 구원과 이웃 사랑으로 천국을 확장해 가는 영적인 가족 공동체가 되어야 한다는 말이다. 교회가 재정적으로 풍성해지면 교회가 복 받은 것으로 생각할 것이다.

그런데 사람들은 복 주신 것만 생각하지 하나님께서 복 주신 이유를 생각하지 않는다. '왜 재정적인 복을 주셨겠는가'를 먼저 알아야 할 것이다.

우리에게 맡겨진 모든 것은 하늘나라 확장과 하나님의 영광을 위해서 사용되어야 한다.

연예인 교회는 참으로 하나님을 기쁘시게 해드렸던 교회였다.

연예인들은 순수하고 진실함을 지닌 사람들이다. 그래서 예술을 할 수 있는 것이다. 그래서 예수님을 진실하게 잘 믿을 수 있는 것이다.

공항 출구에서 마지막 인사
사랑하는 가족들이여 안녕히!

나를 구원받게 하고 나를 길러 준 연예인 교회!

연예인 교회의 맴버가 된 그 시작은 나를 성경공부에 인도해 주신 고 곽규석 목사님이 있었고, 성경공부로 인하여 내가 예수님을 만나고 영원한 생명을 얻을 수 있게 해주신 고 하용조 목사님이 있었다. 그로 인해 하나님의 선교의 뜻을 이루어 드리기 위해서 연예인 교회의 설립 맴버로 헌신할 수 있었고, 연예인 교회에서 신앙이 성장하여 전도사가 되기까지 연예인 교회는 나의 영적인 요람이 되었다.

생명 있는 동안 잊을 수 없는 나의 영원한 모교회, 나를 낳고 기른 어머니 품 같은 모교회, 바로 연예인 교회다.

참된 성공적인 인생 사시길!

세속적이고 부끄러운 인생을 살았던 이 여종의 작은 인생을 읽어주신 모든 분들이 그럼에도 불구하고 그 속에서 예수님을 만나시기를 간절히 기도합니다.

오직 그분에게만 참 구원의 생명과 영생이 있고, 오직 그분에게만 참 인생의 성공적인 비결이 있음을 발견하기를 소망합니다.

혼탁한 이 시대에 온전한 인생의 나침반이 되어서 세상을 인도하는 하나님의 진리가 확실하게 세워지기를 소망하며 세속화 되어가는 사람들에게 신선한 충격과 도전을 주는 작은 책이 되기를 소망합니다.

그리하여 모든 사람들이 구원의 예수님을 만나고 행복한 하나님의 자녀로서, 참된 성공적인 인생을 사시기를 축복합니다.

– 방은미

방은미 사모의 하나님 이야기(2)

주여, 나의 삶을 받으소서

〈하나님이 이끄신 사역〉

사역 현장에서 참 사랑이 무엇인지도 모르고,
고통하며 아파하는 지체들과 좌충우돌하면서
하나님의 부족한 여종으로 살아온 인생 이야기!

내 영혼의 편지

따스한 아버지의 사랑!
감격하는 영혼!
시간이 흘러도 바래지 않는 은혜의
편지를 당신에게 드립니다.

전담양 목사 지음

반평의 천국

기적이 일상이 되는 삶의 비결!
반평짜리 간이 침대에서 만난 천국

사방이 막히고 조여드는 고통 속에서도
주님의 사랑이 다시 살린 삶의 이야기!

성화영 선교사 지음

<맞춤형 30일간 무릎기도문 시리즈>

염려대신 기도합시다! 기도하면 문제가 해결됩니다!

가정❶ **자녀를 위한** 무릎기도문
가정❷ **가족을 위한** 무릎기도문
가정❸ **남편을 위한** 무릎기도문
가정❹ **아내를 위한** 무릎기도문
가정❺ **태아를 위한** 무릎기도문
가정❻ **아가를 위한** 무릎기도문
가정❼ **재난재해안전** 무릎기도문(부모용)
가정❽ **재난재해안전** 무릎기도문(자녀용)
가정❾ **십대의** 무릎기도문(십대용)
가정❿ **십대자녀를 위한** 무릎기도문(부모용)

교회❶ **태신자를 위한** 무릎기도문
교회❷ **새신자** 무릎기도문
교회❸ **교회학교 교사** 무릎기도문

365❶ **우리 부모님을 지켜** 주옵소서(365일용)
365❷ **번성하게 하고** 번성하게 하소서(365일용)
365❸ **자녀축복 안수** 기도문(365일용)

기도❶ **선포(명령)** 기도문

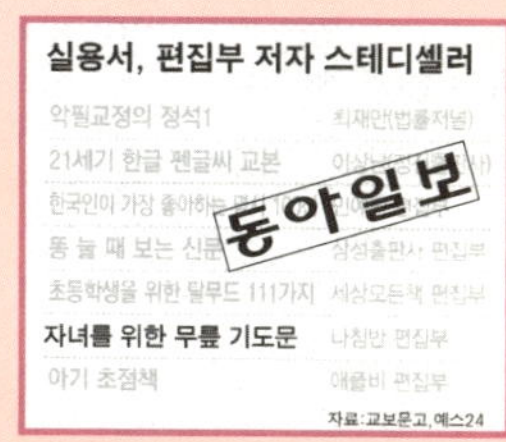

동아일보 - 2016년 2월 4일자

망망한 바다 한가운데서 배 한 척이 침몰하게 되었습니다.
모두들 구명보트에 옮겨 탔지만 한 사람이 보이지 않았습니다.
절박한 표정으로 안절부절 못하던 성난 무리 앞에 급히 달려 나온 그 선원이
꼭 쥐고 있던 손바닥을 펴 보이며 말했습니다.
"모두들 나침반을 잊고 나왔기에…"
분명, 나침반이 없었다면 그들은 끝없이 바다 위를 표류할 수 밖에 없을 것입니다.

우리는 삶의 바다를 항해하는 모든 이들을 위하여
그 나침반의 역할을 하고 싶습니다.
우리를 구원하신 위대한 주 예수 그리스도를 널리 전하고 싶습니다.

"하나님은 모든 사람이 구원을 받으며
진리를 아는 데에 이르기를 원하시느니라"
(디모데전서 2장 4절)

딴따라에게 찾아오신 예수님

지은이 │ 방은미 지음
발행인 │ 김용호
발행처 │ 나침반출판사

제1판 발행 │ 2018년 8월 15일

등　록 │ 1980년 3월 18일 / 제 2-32호
주　소 │ 07547 서울특별시 강서구 양천로 583
　　　　　블루나인 비즈니스센터 B동 1607호
전　화 │ 본사 (02) 2279-6321 / 영업부 (031) 932-3205
팩　스 │ 본사 (02) 2275-6003 / 영업부 (031) 932-3207
홈　피 │ www.nabook.net
이 메 일 │ nabook@korea.com / nabook@nabook.net

ISBN　978-89-318-1563-4
책번호　가-9067

값은 뒷표지에 있습니다.